JN409461

필사본 한 권

필사본 한 권

예경진 수필집

수필과비평사

■ 작가의 말

수필 강의실로 들어서던 날은 봄빛이 화사한 3월이었다. 직장 생활 34년을 마감하고 새로운 사회생활로 첫걸음을 내딛던 날이다.

교수님 강의는 진실했고 문우님들의 열기는 뜨거웠다. 새내기의 마음이 달아올랐다. 창밖 나뭇잎이 짙어질 때쯤 수필은 인생 후반부를 맡겨도 좋을 단단한 길벗이며 스승이 되리라는 믿음이 생겼다.

수필 공부는 가슴을 뛰게 했으나 생각과 느낌을 풀어내는 일이 만만치 않았다. 시야가 좁아 자주 사유의 벽에 부딪히고 글을 쓰는 손이 굼떴다. 느린 걸음이지만 그래도 벽을 뚫어내리라는 믿음이 다져졌다. 개인사를 통해 누구나의 가슴 깊이 숨어 있는 보편적인 어떤 것을 찾으리라는 희망으로 글길을 따라오기 수 년, 겨우 첫 수필집 《필사본 한 권》을 출산한다.

그간 써온 39편의 글을 엮었다. 제1부에는 일상적인 관계망 속에서 나를 돌아보고, 제2부에는 어른아이가 진짜 어른이 되고자 발버둥친 나의 성장기를 담았다. 제3, 4부는 오늘의 나를 있게 한 뿌리에 대한 글이다. 3부는 부모님과 선대들의 이야기이며 제4부는 내 삶의 공간인 영도影島에 대한 글이다. 제5부는 여행을 하며 성찰한 이야기로 엮었다.

표현이 서투르고, 시대감각이 떨어지거나 근시안적 개인사로 엮은 좁은 글이 되었다. 그렇더라도 글을 쓰며 자아가 성장하고 치유되는 기쁨을 느꼈다. 마음속 컴컴한 창고 속에 웅크린 열등감과 좌절의 아픔을, 칭찬과 성취에 목마른 욕구들을 살피는 동안 어른 아이가 진짜 어른으로 단단해졌다. 부모님 세대와 선대들의 삶을 가슴으로 느끼고, 나를 만든 공간 고향 영도影島를 깊게 보았다. 마음속에 웅크린 것이 나와 우리, 살아온 공간과 시간에 대한 애정임을 확인한다. '타자의 욕망을 욕망하며' 좇아가는 현대인의 자화상이 아닐까 감히 생각한다.

A4용지에 활자화된 나를 넘어선다. 스스로를 가뒀던 뚜껑을 벗겨내고 세상과 새로운 관계 맺기를 시도해 본다. 자신만의 속도로 자신만의 지도를 만들어 세상을 품으려 한다.

사유의 벽에 부딪힐 때마다 애정으로 글길을 열어주신 지도 교수님, 힘을 주신 문우님들, 지지와 믿음을 보내준 가족들께 깊이 감사드립니다.

눈물과 피로 이 시대를 만들어준 부모님 세대의 영전에 이 책을 바칩니다.

2022년 가을

예경진

■ 차례

제2부_빈 산

제3부_필사본 한 권

제4부_영도 블루스

제5부_한 번만이라도

제1부
열정

열정

한여름 늦은 오후이다. 창밖에는 뙤약볕 열기가 숨을 턱턱 막는다. 매미조차 나무 그늘에 누워 쉬느라 집안에 정적이 감돈다. 서창으로 비친 햇살에 노인장의 구부정한 옆모습이 드러난다. 노인장은 책상에서 뭔가를 열심히 쓰다가 인기척에 고개를 든다. 친정에 들른 딸과 눈이 마주치자 겸연쩍게 웃는다. 책상 위에 중학교 영어책과 백지를 얼기설기 기워 만든 공책과 몽당연필 몇 자루가 놓여 있다.

How are you? I am fine. Thank you, and you?

앞 장에도 그 앞 장에도 같은 문장이 자로 잰 듯 반듯반듯하게 씌어 있다. 공책이 두툼할 정도로 열심히 써 봐도 돌아서면 금방 잊게 된다며 딸을 본다. 좋은 방법이 없냐는 듯 애타는 기색이다. 그 눈빛에 세상으로 펴내지 못한 열망이 잠시 석양빛으로 타올랐다.

87세의 아버지가 영어 공부를 시작했다. TV에 나오는 피플, 월드, 보이, 에니메이션, 애플 등 한글로 표기된 영어를 보고 답답하던 차이다. 공부 시켜 놓은 자식이 셋이나 되어도 곁에서 얼른 답을 말해 줄 자식은 없다. 뜻을 알려 드리자 멀쩡한 우리말이 있는데 왜 저리 하느냐고 역정을 낸다. 그러다 목마른 사람이 우물을 파겠다고 작정하신 게다.

몇 년 전 아버지는 낡은 주택을 팔고 우리 아파트 내 같은 동으로 옮기셨다. 비가 오면 새는 지붕을 수리하고, 겨울이면 문풍지를 덧바르시면서 평생 달팽이처럼 지낼 줄 알았다. 아들들의 권유에 결단을 내리셨다. 굽혀지지 않는 굵은 손마디로 일군 텃밭과 장독, 감나무도 다 버릴 만큼 갈수록 한겨울 추위를 이겨내기가 힘들어졌다. 새 집에 아무 것도 필요치 않다고 손사래를 쳤지만 책상 하나는 꼭 갖고 싶어 했다. 작은방에 서가와 책상을 들였다. 손때 묻은 책과 애장품들을 진열하여 아버지만의 서재를 만들었다. 아버지는 책상에 앉아 성서를 필사하거나 옛 동료들에게 문안 편지를 쓰곤 했다. 가끔 신문에 난 세계 여행지를 스크랩하거나 책을 읽으며 노후 생활을 즐겼다.

누구든 어깨 위의 삶을 잠시 내려놓고 싶을 때가 있다. 자신만을 위한 공간이 필요하다. 휴식하고 꿈을 꾸며 자아를 되돌아보게 되는 오롯이 사적인 공간으로 사람은 그곳에서 새롭게 탄생한다. 그것이 장소나 물건 혹은 취미 활동일 수도 있다. 아버지도 때때로 무거운 삶을 내려놓고 챙기지 못한 자신의 꿈을 돌아보고 싶었으리라.

아버지에겐 책상이 바로 그런 공간이다. 여태껏 누려보지 못한 호사라도 되는 양 책상 앞에서는 얼굴빛이 달라졌다. 굽었던 허리가 꼿꼿해지고 목소리에도 힘이 실렸다. 눈빛에 맑은 기운이 넘쳐났다. 관절염 걸린 다리를 끌며 천천히 걷던 평소의 아버지가 아니다. 서늘한 바람결에 큰 그늘로 안아주곤 하던 젊은 날의 아버지 체취가 다시 살아났다.

만주에서 태어나 일제 강점기를 보낸 아버지는 일본어와 중국어가 유창했으나 영어는 암호와 같았다. 중학교 영어책으로 독학한 실력으로 어느 날부터 손자들이 입은 옷의 상표를 척척 읽어내었다. 며칠 전에는 소주를 사려는 미국 청년을 마트로 안내하며 대화까지 했다고 자랑한다.

'유 캔 낱 스피커 코리언, 아이 캔 낱 스피커 잉글리시, 유 앤 아이, 세임 세임.'

배움에 대한 열망을 자식들에게 물려주었다. 젊은 시절 아버지는 우편 열차를 타고 타지방으로 출장을 다녔다. 돌아올 때마다 자는 아이들의 머리맡에 동화책 한 권씩 놓아두었다. 고등학교 입학하고 얼마 안 되어 교문 앞에 어느 출판사의 책이 전시된 걸 보았다. 귀동냥하던 작가들의 이름이 나열된 세계 문학 전집을 보자 발이 떨어지지 않았다. 용돈으로 한 권씩 장만하라고 벌인 전시였다. 책 욕심이 많던 때라 싸게 공급한다는 말에 전집째 주문해 버렸다. 며칠 뒤 귀가해보니 내 책상 위에 주문한 책들이 곱게 쌓여 있었다. 마음이 콩닥거렸다. 비지땀을 흘리며 자전거를 끌고 온 사람을 돌려보낼 수 없어 받아 두었다는 것뿐, 따끔한 말씀은 없었다.

허리가 휘도록 일해도 늘 그 자리에서 맴도는 생활에 눈빛만 새까맣게 짙어가는 자식들을 위한 아버지의 선물이었다. 엄마의 매운 잔소리가 며칠 간 계속되었으나 아버지는 아랑곳하지 않았다. 그 여름날 만난 작가들은 담장 밖의 세계를 동경하는 소녀 마음에 씨앗 한 톨씩을 심었다. 진짜 행복과 자유로 향하는 첫 문이었다.

그런 아버지도 다른 이들의 시선을 많이 의식했다. 딸이 대학에 합격했다는 소식에 기쁨보다는 남들이 흉을 볼까 먼저 걱정했다. 당시 집안을 돌보는 것이 장녀의 미덕이던 우리 동네에서 딸의 대학 합격은 호사스런 일이었다. 딸이 더 좋은 성적을 받도록 격려하면서도 한편으론 열심히 하는 것을 염려했다. 딸이 교사가 되어 첫 출근하는 날에 직장 어른께 자식을 부탁하는 인사를 드린다며 앞장섰다. 아버지의 마음이 잠시 느껴졌지만 곧 그런 세상이 아니라며 극구 만류했다.

요즘에도 아버지의 속옷에 구멍이 숭숭 나 있을까 자주 살핀다. 골다공증에 걸린 뼈에 칼슘을 투여하듯 한동안 나는 아버지의 새 옷을 장만하는 일에 집착했다. 지금 생각해보니 그건 아버지를 위한 것이라기보다 나의 빈 마음을 채운 일이었다. 아버지가 영어 공부를 시작하는 걸 보며 나는 비로소 내가 무엇을 해야 할까를 돌아보았다. 책상에 앉은 87세 아버지를 따라 56세의 딸도 책상 앞에서 원고지를 펼친다. '열정'이라는 제목을 달고 아버지의 책상에 대해 첫 글쓰기를 시작한다.

빼곡하게 적힌 영어 단어가 붉은 빛 속에서 살아 움직인다. PEOPLE, WORLD, BOY, ANIMATION, APPLE. 아버지는 반듯한 고딕체 대문자들과 대화를 나눈다. 투박한 발음에 리듬이 실린다. 'TV 내용을 이해하기 위해서 저렇게까지 노력하실까? 혼자 하는 공부가 얼마나 어려울까?'

아버지의 서재에는 양복 한 벌이 걸려 있다. 그해 가을에 백화점에서 새로 장만한 옷으로 어지간한 자리에는 입고 나가지 않을 정도로 애지중지한다. 아버지의 삶에 훈장이 되어 준 작은아들을 찾아가려고 혼자서 미국 여행을 계획했다는 것을 나중에야 알았다. 영어 공부도 새 양복도 남모르게 준비한 미국행 티켓이었다.

못 다 피운 열정이 저녁놀보다 붉다. 아버지는 바라던 미국 땅을 밟지 못했다. 93세 가을에 돌아가실 때까지 손에서 연필을 놓지 않았다. 딸은 아버지가 쓰던 그 책상에 앉아 끝 문장을 다시 쓴다.

날이 선 양복에 중절모를 쓴 동양의 노신사가 공항 직원들의 에스코트를 받으며 뉴욕 공항을 나선다.

동네 아줌마 되기

화창한 대낮, 거리를 활보한다. 덥지도 춥지도 않은 때 중요하지도 공적이지도 않은 일로 당당하게 걷고 있다니 언감생심 꿈도 못 꾸던 일이다. 시장의 떠돌이 개처럼 킁킁 냄새를 맡아 본다. 두 손에 24시간을 쥐고 있고 두 발은 구름 위에 있다.

이제부터 나는 동네 아줌마로 살려 한다. 첫 과제는 비 오는 날 우산 없이도 만날 수 있는 동네 친구 만들기이다. 사람을 부르기 전 필수 코스가 집 정리이다. 편안하게 어질러 놓은 공간을 선불리 열어 보일 순 없다. 나중에 여럿이 모인 자리에서 '그 집은 편안해서 좋더라'는 말을 듣게 된다. 좋다는 건지 모자란다는 건지 저의를 헤아려야 한다. 뒤통수 맞는 낭패감을 웃음으로 버틸지 모른다. 아줌마들의 발달된 촉수는 남의 거실에 들어서는 순간, 곁눈질 몇 번만으로도 안주인의 격을 알아챈다. 만만하게 보일 빌미를 줄 수는 없다. '뒷말을 염려하지 않을 이가 누구일까?' 엘리베이터에서 만난 아줌마들을 떠올려 본다. 지금 생각해보면 첫 단추부터 잘못 끼운 셈이다.

아줌마 되기에도 요령이 필요하다. 무턱대고 집정리를 한답시고 덜커덕 허리 탈을 내고 말았다. 병원을 오가며 유리문에 비치는 나를 슬쩍 곁눈질해 본다. 제1 진 젊은이들이 바쁜 행보로 지나간 자리에 제2 진의 느긋한 발걸음이 나타나는 시각이다. 무어 그리 바쁠 것도 없고 오늘 못한 일 내일 해도 되니 이 얼마나 매력적인가. 늘 파닥거리는 고등어 같은 아이들에 익숙해서인지 느린 속도가 편하지만은 않다. '지나는 이들의 표정이 왜 저리 찌그러져 있을까?' 손가락으로 내 입꼬리를 올리고 눈꼬리는 내린다. 출근할 때처럼 옷에 날이 서 있고 화장도 그런대로 괜찮다. 잠시 기분이 좋다. 아무렴, 바쁘게 공들인 세월이 얼마인데.

마침 점심 때, 친구가 말하던 시장 안 수제비 집 근처이다. 한 끼일망정 손맛 없는 음식을 먹고 나면 손해 보는 기분인데 다행이다. 수제비 한 그릇을 청하고 기다리는 동안 혼자 온 이들로 몇 안 되는 자리가 찼다. 늙수그레한 아줌마들은 자연스레 합석이다. 한 사람이 앉고, 좀 있으니 누군가 알은체를 하며 앉는다. 서로 잘 모르는 사이 같은데 금방 대화가 된다.

남편과 자식 이야기는 아지매들의 공통 언어이다. 주인아줌마도 바쁜 손놀림 사이사이 끼어든다. 주인아저씨의 뒤통수가 문밖으로 사라지자 기다렸다는 듯이 한 마디 던진다. 젊어 술독에 빠져 살더니 요새 사람 구실도 못하며 누구 고생 시키냐고 하자 그래도 남편이 없는 것보다 나아, 암암 그래도 남편이 울타리라고 맞장구친다. 자식들 이야기로 이어졌다. 결혼한 아들의 지갑이 비어 가슴이 아팠다느니, 요즘 젊은 년들은 지 서방 알기를 우습게 안다느니 하다가, 또 그렇게 하지 않고서 어찌 집 장만이나 하겠느냐고 젊은 며느리편도 들어준다. 순간 나는 내 나이를 잊고 내가 그 '젊은 년'인 것 같아 움찔했다.

그냥 섞여봐야지 하면서도 낯선 사람과 합석할 염려가 없는 구석진 자리로 찾아 든다. 관객인 양 멀찍이 앉아 눈과 귀만 열 뿐이다. 좁은 공간에서 혼자 먹는 어색함을 없애려면 낯선 아줌마들에 섞일 수 있어야 한다. 숟가락질 사이사이 자기 이야기를 반찬 삼아 올리지는 못해도 능청스럽게 맞장구칠 정도는 되어야 한다. 그러나 혼자인 게 편하다. 그분들과 남편 흉을 볼 건가 자식 살림 걱정을 거들 건가. 이웃 이야긴 더더욱 아는 게 없다. 구수한 이야기들을 국물 속에 녹여가며 천천히 화창한 점심을 즐겼다. 자동차에 급유하듯 밀어 넣던 옛날을 보상이라도 받으려는 듯. 이제 수제비 한 그릇만큼 삶 보따리도 다 푼 듯 각자 계산을 한다. 그들이 떠나간 빈 탁자 위로 시장 햇살이 다시 시끌벅적 쏟아진다.

아뿔사, 계산을 하려는데 돈이 없다. 핸드폰에 달랑 카드 한 장뿐, 늘 있던 지폐 한 장이 없다. 여기서 카드는 무용지물이라 은행에 다녀오겠다고 했다.

“괜찮아요. 다음에 주든지, 그냥 가도 돼요. 한 끼 나누어 먹을 수도 있는 거지.”

순간 나는 눈과 귀를 의심했다. 저장된 데이터 하나 쑥 뽑아 올리듯 답이 빠르다. 웃는 표정이 가볍다. 그런 사람들이 더러 있었다 치자. 내가 그런 인간으로 보이는가. 구석진 곳에서 뭉그적거리며 앉아 공짜 밥 먹으려고 얕은 수나 쓰는 인간쯤으로 치부해버리다니. 괜찮다는 말이 고마운 게 아니라 오히려 짜증을 돋운다.

중년 아줌마는 위기의 순간을 때우는 순발력, 대화에 불쑥 끼어들어 내 주장 펼치며 맞장구치기, 아니다 싶으면 납작 엎드리는 유연성, 내 패거리 거느리기 등을 기본기로 갖추어야 한다. 대가 없이 퍼주기도 하고, 받기 위해 펼친 손을 부끄러워하지 않아야 하리라. 배짱 좋게 공짜 밥을 얻어먹을 동네 친구 하나쯤 두어야 한다. 그런데 뒤통수가 따가웠다. 돈을 찾아오기까지 고작 10여 분 남짓, 내 발은 꼬이며 더디기만 했다. 시원하게 말해 준 그녀가 고마운 건 잠깐이었다. 처음 본 이의 기억에 칠칠치 못한 내 실수를 남기기 싫었다. 지금에야 그보다 더한 실수를 달고 살지만 그땐 그랬다.

나는 수제비 값에다 두 배나 더 비싼 참외 한 봉지를 얹어서 내밀었다.

"오늘 참 비싼 점심을 드셨네요. 잘 먹겠어요."

눈빛엔 의아함을 담았으나 말투는 편안했다.

한동안 기분이 뿌듯했다. 달포가량 지나자 그게 아니라는 생각이 들었다. 과하지도 약소하지도 않게 대가를 치른 내 꼴이 마음에 걸렸다. 그 짧은 순간에도 저울추를 가늠하던 버릇이 작동했다. 아줌마의 편안한 눈빛이 떠오를 때마다 나는 자꾸만 작아졌다. 갚을 것을 염려하거나 되받을 것을 기대하며 받거나 주는 일은 선물이 아닌 뇌물이 된다. 아줌마의 통 큰 선물에 나는 꾀죄죄한 뇌물로 되갚은 셈이다. 기껏 수제비 한 그릇도 얻어먹지 못하는 주제에 아줌마로 살겠다고. 통 큰 동네 아줌마 친구 하나 얻을 기회를 놓쳤다. 지난 휴일에 지나면서 보니 다른 집들처럼 문이 닫혀 있었다. 다행이었다.

몇 년 시장을 드나드는 동안 수제비 집 아줌마와 인사 정도는 주고받는 사이가 되었다. 비 오는 날엔 아직도 TV 리모컨을 가지고 논다.

못생긴 손

손으로 말한다. 가만히 맞잡아 주는 손은 따뜻한 마음이요, 두 손을 서로 쥐는 것은 반가움과 기쁨을 나눈다는 뜻이다. 손이 맞다는 말은 서로 소통이 되어 일을 손발 맞춰 한다는 의미요, 손을 빌리자는 말은 다급한 도움을 원하는 요청이다. 손이란 내밀기도 하고 붙잡기도 하며 서로 배려하는 몸놀림이다. 손은 말보다 완곡하면서도 더 강하게 마음의 온도를 전한다.

젊은 시절의 손은 뜨겁다. 손 하나로 오롯이 자신을 드러내고 서로간의 관계를 확인하려 한다. 손을 잡고, 손가락을 걸고, 손에 반지를 끼우며 친구이며 연인임을 공고히 한다. 젊은 손은 서투른 말의 표현을 보완해 주는 뜨거운 언어이다.

그러한 시절 나는 손의 말에 서툴렀다. 또래 여자애들이 실반지를 자랑하며 손가락 다섯 개를 마주 펼 때 나는 손을 탁자 밑으로 슬그머니 숨겼다. 아버지 손을 닮아 크고 두툼하면서 마디가 굵다. 손톱이 넓적하여 도무지 여자 손 같지 않다. 손이 두툼하니 마음도 넓을 것 같다고 칭찬해 주는 친구가 더러 있었지만, 위로가 되지 않았다. 실반지를 낀 가늘고 작은 손이 부러웠다. 뽀얀 피부일 때는 더더욱 질투도 났다. 또래들과 손을 맞출 수가 없었다. 유리벽 뒤에 손을 숨긴 채, 친구들과의 손 수다에서도 언제나 한 발 뒤로 물러나 있었다.

부엌 창 너머 산이 흰 띠를 두르고, 바람에 휘날리던 벚꽃이 온 천지를 덮는다. 2주 만에 귀가하는 아들의 저녁상에 놓을 생선을 장만 중이다. 속을 긁어내고, 무를 자르고, 마늘을 다진다. 칼을 잡은 내 손은 도마 위에서 빠르게 움직인다. 묵직한 칼의 무게에 밀리지 않는 커다란 내 손, '주저주저하던 내 손이 언제 이렇게 당당하게 춤추고 있을까?' 벚꽃의 장관에 눈길을 주랴, 내 손을 쳐다보랴 바쁘게 부엌을 오가던 기억이 어느 한 시절을 떠올렸다.

벚꽃이 분분히 날리는 나무 아래서 꽃비가 내린다는 표현의 묘미를 처음 알게 된 날이었다. 입대를 앞둔 빡빡머리 친구가 손을 흔들며 갔다. 휘청거리는 듯, 화가 난 듯 생소한 모습이다. 달려가서 내 손을 내밀 수 있는 마지막 때라는 걸 직감했지만 그냥 돌아섰다. 태종대를 돌아 나오던 어느 가을 달밤 그가 손을 내밀어 왔다. 뜸만들이던 연애를 시작하자는 말을 왜 하필 손으로 했을까. 내 손이 그만 사달을 냈다. 마음과 달리 내 손은 황망히 숨어버렸다. 한동안 어색한 침묵이 흘렀다. 잡으려던 그의 손도 못생기기는 매 한가지였던지 허공에서 허둥거리다 맥없이 사라졌다. 그 후로 함께 하던 독서모임도 지지부진해지고, 첫사랑이라는 이름의 빼근한 통증 하나가 가슴에 다시는 피지 못할 멍울로 남겨졌다.

그 후 한동안 손은 주머니 속 깊이 칩거에 들어갔다. 며칠 째 방에만 드러누워 미련을 떨고 있다. 민감성대장염이 왔으나 약 한 알 마다하고 화장실만 들락거렸다. 골목길 아이들 소리를 실어 나르던 4월 햇살이 하루하루 나무 그림자를 희롱하다 창밖에서 졌다. 불기 없는 방의 오싹한 냉기가 밀어낸 햇살을 따라가다 보면 영락없이 그날의 시간이 밀려온다. 그 친구를 돌려 세워 두 손을 맞잡는 장면을 수없이 그려보았다. 바보 같은 것.

'청춘아, 너의 젊은 날들을 어떻게 보냈더냐?' 제 향기로 사방을 밝히며 푸르러야 할 나무가 생기를 잃은 채 비틀거리며 걸어가는 외로운 뒷모습이 보인다.

34년간 교직생활을 했다. 주머니 속에서 완강하게 뻗대며 나오지 못하는 젊은 손들이 있다. 사춘기의 예민한 아이들과 지내오면서 사소한 일들로 움츠러드는 손을 종종 만난다. 누가 흉을 보지도 않는데 손을 내밀어도 쉽사리 세상 밖으로 나오지 못하는 손, 나처럼 못생긴 손이다. 단지 손의 문제만은 아니다. 집안 문제나 가난, 외모가 주는 콤플렉스에서 쉽사리 헤어나지 못하고 마음에 유리벽을 두른 채 나오지 않는다.

못생긴 손은 아이들의 삶을 고무줄처럼 당겼다 놓았다 옭죈다. 속으론 끙끙 앓으면서도 내색을 않는다. '얼마나 힘들까?' 그날의 내 손을 기억하며 부질없이 에너지를 소모하지 않기를, 더 밝게 웃기를 바랐다. 화석처럼 굳어버린 생각을 말랑말랑하게 펴주는 교사가 되고 싶었다. 아이들이 편안하게 삶을 배워야 한다. 바쁜 업무에 쫓겨 수시로 잊고 지냈지만 그 손들을 덥석덥석 잡아주고자 했다.

다른 이들의 손을 본다. 누구나 다 예쁜 손을 지닌 건 아니다. 주변의 그 누구누구도 마음속 응어리를 안고 사는 게 보인다. 자신은 숨겼다고 믿지만 밖에서 환하게 보이는 유리벽을 두르고 있다. 나도 알고 너도 보면서 모르는 척 시치미를 떼는 벽, 그래서 어이없는 오해를 부르는 벽이 있다. 우리는 그런 것들 속에 갇혀 산다. 자신이 지닌 본래 성격마저도 왜곡시키며 산다.

인생에서 뭇사람이 탐하는 벚꽃의 시절은 잠시, 푸르른 잎으로 단단한 나무로 지내는 세월이 더 길다. 그래서 이름도 벚꽃나무가 아니고 벚나무이다. 뒷산을 가득 메워가는 벚꽃 띠를 보며 희끗해지는 내 머리를 떠올리는 나이가 되었다. 젊음의 아픔도 잠시, 이제 아무도 손 따위에 신경 쓰지 않는다. 못생긴 손은 인생의 한 때이다.

그 아이들도 손을 내밀어주던 어른들보다 더 현명한 어른이 되었을 테다. 세월이 부지런히 풍화 작용하며 단단한 유리벽을 깨주고 고운 바람과 밝은 햇빛이 어루만져 주었다. 단단한 벚나무로 굵어지도록 공감을 해 준 동료의 손, 푸근한 친구의 손, 두터운 가족의 손을 떠올린다. 세월이 못생긴 손을 아무렇지 않은 손으로, 아니 그래도 괜찮은 손으로 만들었으리라.

내 큰 손은 이제 제법 큰손이 되었다. 앞으로 뒤로 돌려가며 손마디와 두께를 가늠해 본다. 버려둔 작은 상처가 덧나 자잘한 흉터가 군데군데 박혀 있고 손마디는 더 굵어졌다. 고무장갑 없이 설거지통을 드나들다 보니 거친 주름도 생겼다. 더 못생겨졌다. 그래도 내 손은 가족들의 밥을 풍요롭게 하고, 이웃들과 음식을 나눌 줄 안다. 누군가의 아픔을 어루만져 주기도 한다.

내 못생긴 손을 내민다. 오늘도 어디쯤에서 쉽사리 제 손을 내밀지 못 했을까 염려스러운 아들과 딸들의 손에게. 세상 어느 귀퉁이에서 주저주저하다 숨어버렸을 모든 여린 손들에게 따뜻한 온기를 전한다.

코로나 추석

눈부시다. '무엇을 더하였기에 저리도 다정히 빛나는가?' 달을 우러르며 손을 모은다. 오늘처럼 달빛이 빛나던 적이 별로 없었다. 함께 보자고 남편을 불러 달을 처음 보는 사람들처럼 오래도록 서 있다. 그 사이 보름을 맞는 달은 더 둥그레지고 더 커진다.

추석이라고 제사를 지낼 것도 아니니 특별히 올 사람이 없다. 요즘 종교 기관에서 명절 제사를 대행하면서 예전처럼 제사 음식을 준비하지 않는 집이 늘어간다. 명절날 아침에 우리도 새벽 미사로 제사를 대신하고, 큰집에 다녀올 예정이다. 성묘는 방문 시간을 예약하여 미리 다녀왔으니 달리 할 일이 없다. 그래도 시어머니와 함께 음식을 만들던 그때를 떠올리며 이것저것 장을 봐두었다.

명절날은 냄새로 다가온다. 갈비찜이 익느라 압력솥 추에서 김이 빠져나가고 새우전 굽는 기름내가 진동한다. "큰애야, 탕국 끓여라", "작은애야, 나물 무쳐라." 두 며느리를 진두지휘하던 시어머니의 목소리가 바빠질 때쯤 시아버지가 슬그머니 부엌을 들여다보신다. 뭘 그리 번거롭게 많이 하냐며 부드럽게 나무라신다. 그 말씀인즉 음식 냄새만 맡아야 하는 인내가 다했다는 뜻이다.

시어머니는 즉각 당신 손으로 기름이 뚝뚝 돋는 갓 구워낸 부침개를 한 상 차려 안방으로 들여보낸다. 그새를 못 참느냐는 어머니의 타박을 못들은 척 시아버지는 "여보, 저번에 동생이 가져온 술 어딨소?"하며 아껴둔 술 한 병도 내온다. 한 톤 높아진 삼부자의 목소리가 집안을 꽉 채운다. 굽는 냄새와 아이들의 웃음소리가 집안의 묵은 먼지를 떨어내는 오후, 서창西窓으로 비치는 햇살이 여전히 따가웠다. 영원할 것 같던 우리 집안의 때깔 고운 흥청거림.

아파트가 들어서면서 옛집이 사라졌다. 야트막한 언덕길에 오르면 고만고만한 2층 양옥들이 어깨 맞댄 골목길이 아련하다. 고소한 기름내와 흥겨운 술렁임으로 엮어낸 시간의 무늬들도 부모님과 형제들이 모여 함께 비손하던 풍경마저 까마득해진다.

'띠 띠 띠띠띠 차르륵.' 현관문 열리는 반가운 소리가 난다. 얼른 뛰어나가 아들을 맞는다. 이제 올 사람은 다 왔다. 열흘이나 된다는 추석 연휴, 우리 집에는 친구들에게 다 있다는 사위도 며느리도 없다.

당연히 온 집안을 휘젓고 다닐 손주놈 하나 없는 적적한 명절이다. '딸은 멀리 있고, 세 식구가 열흘 간 함께 지낼 추석인데 어떻게 할까?'

추석 전 친정아버지의 제삿날이 되었다. 코로나 펜데믹으로 4명 이상 모이는 행사가 법으로 금지되었으니 제삿날일지라도 형제들이 한집에 모일 수 없다. 비대면 시대, 그래도 제사는 제사, 기리는 마음조차 막을 수는 없지 않는가.

ZOOM을 활용했다. 양산 큰동생네가 본부가 되고, 서울, 세종, 거제, 부산. 직장일로 흩어져 사는 가족들이 들어왔다. 심지어 미국에 있는 조카와 딸까지 모두 불러들였다. 미국의 아침 출근길에 잠시라도 얼굴을 비췄으니 부모님의 핏줄들이 빠짐없이 한 자리에 모인 셈이다. 사진 속의 부모님은 컴퓨터 속의 후손들을 그윽이 내려다보신다. 컴퓨터 앞에서 다 함께 기도문을 낭송하고, 컴퓨터 앞에서 서로 문안 인사를 나누고, 컴퓨터 앞에서 모두 절을 했다. 음복을 하라고 조카가 음식을 집어주면 모두 입을 벌리고 먹는 시늉도 했다.

ZOOM 기능을 활용하지 않았다면 불가능한 일. 평일 제사엔 기껏 우리 형제들과 큰조카만 모였는데 만나지 않고도 모두 함께 자리를 했다. 우리는 컴퓨터를 통해 어른이 다 된 조카들의 마음도 듣고 만나기 어려웠을 그네들끼리의 흉허물 없는 대화를 보았다. 코로나 시대 우울했을 제삿날이 자식들이 모여 정을 나누는 명절 아닌 명절이 되었다. '부모님은 흐뭇하셨을까?' 이런 상황이 지속된다면 각자 앉은 자리에서 음식을 만들어 상에 올리고 ZOOM으로 함께 제사를 지내고 각자 음식을 먹으며 대화하는 날이 올 수도 있으리라. 부모님 제사라는 전통 의식에서 현대 문명의 순기능을 톡톡히 누린 셈이다.

추석날 아침에는 미국에 있는 딸과 페이스톡으로 만났다. 늘 그러하듯 서로 얼굴을 보며 소소한 일상을 나눈다. 무엇을 먹고, 어떻게 지냈는지 시시콜콜 이야기한다. 3년이 되도록 코로나에 발이 묶였다. 저도 명절날 기름 냄새가 그리워 손쉬운 음식을 몇 가지 해서 가까운 유학생들과 나눠먹었다고 한다. 지구의 반대편에 앉아서 서로 이런저런 이야길 나눌 수 있으니 문명이 인간을 얼마나 더 인간적이게 하는가.

늙은 부모는 자식들이 와서 북적대는 걸 좋아한다. 자식들이 더 오래 부모 곁에 머무르기를 바라고, 누구든 반갑게 챙긴다. 특히 명절날에는 더했다. 누구든 오면 있는 것 없는 것 다 차려내 오던 그 시절, 이 땅의 며느리들이 도리질하던 그 시간들. 돌이켜보면 그게 사람이 사는 일이고 사람 냄새 나는 시절이었던 것을. 젊은 우리들은 알지 못했다. 가족과 지내면서도 마음이 이리 먼저 늙어가니 자식들의 인연 맺음을 생각하면 마음이 다급해진다.

그래서 오늘 밤 달빛이 저리 환할까. 달빛 속에서 두 며느리들에게 질 좋은 한우를 내놓으며 맛있게 만들어보라던 시어머니의 당당한 말씀이 들린다. 며느리의 손맛을 보려고 부엌으로 비죽이 들어오던 시아버지의 얼굴도 보인다. 자식들 오면 자고 가라고 붙잡던 부모님 마음마저 환하게 비친다. 아니, 그날의 어머니를 닮아가는 내 마음이 더욱 진하기 때문이다.

그때 그 명절날처럼 시어머니가 하시던 음식을 모두 만들었다. 아들이 칼질해 다진 채소로 새우전을 만들고 갈비찜도 한 솥 해 두었다. 먹성이 아무리 좋아도 세 식구가 먹어내기에는 너무 많은 양이다. 양을 줄인다고 했지만 손은 그 시절을 기억하는가 보다. 먹고 남을 음식을 소분하여 만든 봉지 봉지로 냉동실을 채운다. 이런 시절마저 곧 끝날지 모른다는 불안함도 함께.

그 마음 언저리로 스미는 달빛이 차다.

소파 한 짝

싸우면서 크는 건 아이들만이 아니다. 집안의 권력 줄을 잡고 밀고 당기는 부부도 그렇다. 서로의 진지를 야금야금 침범하는 일쯤 너그럽게 눈감아 주다가도 예민하게 맞서는 때가 있다. '니꺼내꺼' 구분 없는 부부간에도 넘어서는 안 될 선이 있다. '자아경계선(Self-boundary line)'을 밟으면 지뢰가 터진다.

중년 부부가 소파 한 짝을 사이에 두고 대치 중이다. 아내는 소파를 버리자고, 남편은 안 된다고 한다. 험한 세파를 헤쳐 가자며 손가락 걸었던 동맹관계는 깨어졌다. 적군이 되어 상대의 심장부를 강타할 한 방을 찾느라 으르렁거린다. 아내는 조곤조곤 따지느라 목소리에 날이 서 있다. 남편은 버럭 고함을 지르느라 이마에 심줄이 도드라진다. 오늘 만큼은 더 양보할 수 없노라고 목소리를 드높인다. 소파를 볼모로 잡아 그 만큼의 권력을 더 차지하려는 부부의 기 싸움이 팽팽하다.

소파 한 짝은 안방에 있다. 한 때는 젊은 부부의 꿈을 안아 주던 귀한 존재로 거실 명당자리를 차지했으나 이제 안방으로 밀려왔다. 안방은 제일 넓고 중심이 되는 곳으로 자녀들과 함께 모여 활동하는 가족실로 쓰고 싶었으나 어쩌다 성격이 애매한 공간이 되었다. 책상과 책장뿐 아니라 옷장과 피아노, 소파 한 짝처럼 손이 가지 않는 덩치 큰 가구가 들어찼다. 어떻게 배치를 해봐도 보는 눈이 편치 않다.

아직 쓸 만한 소파이다. 이십여 년 세월에 팽팽하던 가죽이 좀 후줄근해진 것 말고는 흠 하나 없다. 아파트로 이사와 마음먹고 장만한 첫 가구이다. 좌천동 가구점을 돌다가 약삭빠른 주인장의 말솜씨에 꾀여 VIP들만 들인다는 골방까지 들어갔다. 은은한 조명을 받은 붉은 가죽에서 윤기가 흐르고 덧댄 원목 받침대에서 장인의 솜씨가 돋보였다. 어리숙한 젊은 부부는 주인장의 혀끝에서 명품으로 둔갑한 소파를 탐내어 과하다 싶은 돈을 선뜻 지불해버렸다. 빈 거실에 소파를 들이면서 젊은 부부는 서로에게 지친 엉덩이를 쉬게 해주는 탄탄한 소파가 되자고 다짐을 했다.

눈이 문제이다. 귀한 소파가 제 자리를 찾지 못한 천덕꾸러기가 되었다. 아이 둘을 맡기느라 친정을 중심으로 거미줄처럼 골목 동네를 돌다보니 가구가 변변치 못했다. 집이 넓어질 때마다 허기를 채우듯 가구도 사들였다. 새 소파를 들이면서 3인용 소파는 처리했는데 작은 한 쪽만은 남겨 두었다. 어느 구석에서도 쓸모가 있을 듯 했다. 그렇게 세월이 흘러 색상과 디자인이 제 각각인 가구가 몇 모이니 구색이 맞지 않는다. 오래 쓰자고 발품 팔아 모은 가구들인데 자칫 잡동사니 같은 인상마저 든다.

정리가 미덕인 시대이다. 물자가 차고 넘치는 시대에도 훗날 필요하리라 쟁여둔 것들이 문제이다. 이 집에서 산 20여 년 세월만큼 쌓였으리라. 우선 쟁여둔 것들을 치워 공간을 넓힌 다음 필요한 가구들로만 재배치하여 현재의 생활 패턴을 살리는 최적화된 환경을 만들자. TV 정리 프로그램을 보면서 배운 내용이다. 정리는 여백을 만들고 여백은 휴식을 준다. 몸과 정신과 영혼의 휴식을 주는 집은 현대인의 로망이 아니던가. 우리의 삶은 흘러가며 현재는 변화한다. 정리는 수시로 자기 삶을 점검하고 삶의 질을 재창조해 가는 과정이 될 수 있다.

살림살이야 아내의 몫이라지만 함께 쓰던 가구까지 혼자서 처리할 수는 없었다. 남자는 출타했다가 들어올 때 돌멩이 하나라도 챙겨 온다더니 우리 집이 딱 그렇다. 행사 답례품은 물론 취중에 챙겨온 자잘한 물건들이 수북하다. 옷장 안에 동전이니 명함이니 심지어 반쯤 녹은 사탕들로 까치집을 지을 정도이다. 무얼 숨겨 두었는지 손도 못 대게 하니 성역이 따로 없다. 그런 남편에게 멀쩡한 물건을 내다버리자는 말이 외계어로 들렸을까.

그래도 좋은 환경을 만들어보자는 데 어쩌랴. 아내는 좋아하는 바깥나들이도 접고, 일사천리로 정리에 집중했다. 더러는 필요한 이에게 나눠 주고 버리면서 공간 배치를 바꾸었다. 시원하게 넓어진 데다 묵은 먼지까지 닦아내자 집 꼴이 갖춰진다. 무엇보다 제 자리를 찾은 물건의 자태가 돋보였다. 같은 집이 달라 보이니 이게 정리의 힘이라며 생색을 냈다. 첫날엔 남편이 아내의 어깨를 주물러 주었다. 박카스 뚜껑도 따주고 설거지도 알아서 했다. 며칠간 수고한다는 말을 반복했다. 계속 버릴 것들이 쌓이게 되자 '이것도, 저것도'하며 고개를 갸우뚱했다. '알아서 하라'는 말에 짜증이 묻어나더니 기어코 이 사태가 벌어졌다.

오늘 이 반응은 뭘까. 소파 한 쪽에 없던 애정이 갑자기 솟아난 걸까. 소파만큼 확보했던 자신의 자리가 없어진다고 위기를 느꼈을까. 한집에서 30년 넘게 부대끼는 동안 날선 모서리가 반들반들 닳았을 법도 한데 성질은 여전하다. 베일 것 같다. 여기에 앉아 신문도 보고, 양말도 신을 테니 그대로 두라고 한다.

비우기 위해 시작한 일이다. 문득 내가 비워내려는 게 무엇인지 의문이 들었다. 비로소 그의 모습이 눈에 들어왔다. 듬성듬성한 머리카락 사이로 드러난 흰머리와 웅크린 어깨가 소파 위에 오도카니 얹혀 있다. 소파 한 짝으로 붙잡고 싶은 게 젊은 날의 추억만은 아닐 터. 후줄근한 소파 한 쪽일지언정 지친 엉덩이를 받아 주는 자신만의 자리가 필요한가. 아내가 무시로 남편의 경계선을 밟았다 치자. 아내의 독식을 막고 가장의 체면치레라도 지키고 싶다고 치자. 가족 중 누구라도 애정을 지닌 물건은 버리지 말라는 정리 팁에 맞춘다고 치자…. 일순 팽팽한 풍선에서 공기가 빠져나가듯 내 속의 열기도 사그라졌다.

좋아한다는 데 어쩌랴. '이기느냐, 지느냐', '버리느냐, 두느냐.' 타협점 없는 무의미한 전투이다. 아내는 그만 백기를 들고 투항하기로 했다. 아니 작전상 일단 후퇴이다. 아내의 눈높이를 맞추느라 남편도 나름 양보할 만큼 했다.

진지를 지켜낸 적군은 의기양양하다. 오늘 아침에도 그 자리에 앉아 신문을 읽고 양말을 신는다. 헛기침 한 방으로 팡파르 울리더니 손으로 맨발바닥을 쓰윽 쓸어내리고 양말의 없는 먼지를 방이 쩌렁하도록 털어낸다. 혼자 치르는 승전 의식이 요란하다.

소파 한 짝은 오늘도 당당히 제 자리를 지켜내고 있다.

젊은 연인

일요일 오후. 그가 다녀갔다. 이틀 밤을 자고 여섯 끼의 밥을 먹고 마흔 세 시간 내 곁에 머물렀다. 현관문이 닫히고 그의 넓은 등이 사라지자 거실 등의 조도가 낮아지고 체감 온도가 1도 떨어졌다.

기다림이 시작된다. 2주 후일까, 3주 후일까. 현관문이 열리며 '왔다'는 인사말을 다시 들을 날이. 기다림은 누구에게도 환상을 덧입히는 법. 기다리는 목소리는 세상에서 가장 감미로운 음악이 된다.

내 기다림은 그의 어깨 위에 걸터앉은 삶의 무게에서 비롯되었다. 그가 취업 전선에 나서기 전까지만 해도 어깨 위 짐을 당연한 그의 삶이라 여겼다. 아담의 경작과 이브의 출산은 누구에게나 마땅한 일이지만 출근하는 그의 등을 보며 처음으로 아담들의 경작이 당연치 않다는 걸 알았다. 어깨의 넓이만큼 그가 짊어져야 할 삶의 무게가 다른 이들의 것보다 더 크고 묵직해 보였다.

스물일곱 살에 그의 직장이 정해졌을 때 내심 걱정이 앞섰다. 최고 속도로 내달려야 할 인생의 아우토반에서 지친 숨 고르자며 한 번이라도 내려설 수 있을까. 세상에 나가기 전 아직 해야 할 공부가 많고 청춘의 자유를 더 누려야 할 나이에 그는 제 갈 길로 갔다. 첫 휴가를 받아 함께 이탈리아를 여행할 때였다. 하루만 더 베네치아의 안개 낀 골목길을 쏘다니고 싶다고 했다. '하루만 더.' 어깨 위의 짐을 지고 살 동안 얼마나 목마르게 그리워하기에 하는 말이던가. 그가 먼저 귀국하고 난 후 남은 여행길 내내 나는 그 말에 목메었다.

금요일 아침, 라디오 FM 방송에서 엘가의 곡 '사랑의 인사'가 흐른다. 바이올린과 피아노 연주가 연인의 대화처럼 오간다. 머릿속에서 맴돌던 행동을 실행해야 한다. 이부자리를 챙기고 방을 닦고 짜 놓은 식단에 맞춰 준비하느라 분주하던 참이다. 바이올린이 높고 길게 부르는 소리와 피아노가 낮고 짧게 답하는 소리는 우리가 나누는 대화의 한 부분 같다. 오늘 저녁 알고 싶은 일에 그는 몇 개의 문장으로 답할까.

금요일 저녁이 되었다. 그가 들어선다. 바깥일을 당당히 치러낸 듯 목소리가 힘차다. 파란 스웨터와 노란 운동화에 묻혀온 시큼한 땀내마저 젊은 살의 체취요 넘치는 에너지이다. 일순 공기마저 달달해진다. 그렇더라도 만나는 의식은 너무 세세하지 않게, 넘치기보다는 모자란 듯하게, 짧고 무덤덤하고 은근하게 거리두기를 해야 한다. 이렇게 까탈스러우면서도 놓고 싶은 마음을 그 아닌, 누구에게 가져본 적이 있던가.

요즈음 늙어가는 마음이 좋다. 물들고 싶으면 물들고 잔바람에 잠시 곁가지를 내주더라도 흔들리지 않는 나이가 편안하다. 하지만 '띠띠띠' 현관문 비밀번호가 울리면 내 마음엔 다시 물결이 인다. 그를 맞는 내 눈이 자글자글 끓어오른다. 사랑 놀음만큼 고약한 게 있을까. 사랑은 기약 없는 기다림이다. 내가 원하는 대로 듣고 싶고, 내가 좋아하는 대로 행동해 주기만을 바라게 된다. 한 마디 말에 가슴 조이고 한 번의 미소에 마음 열린다. 좁아지는 마음을 내려놓고 싶으나 이미 평정심은 날아가 버렸다. 3주 만에 걸음 하는 아들을 맞는 주책없는 어미의 마음이다.

그렇다고 별나게 무뚝뚝하거나 까탈스러운 아들은 아니다. 제 할머니는 늘 어찌 저리 연한 배같이 사근사근하냐고 달달한 배 물이 뚝뚝 떨어지는 눈빛을 떼지 못했다. 손자에 콩깍지 씐 할미의 눈길이라고만 단정할 말은 아니었다. 내가 손목을 주무르는 걸 언제 보았는지 어느 날엔 손목 보호대를 보내 왔고, 핸드폰의 복잡한 사용법을 물어보면 바쁜 일과 중에도 제꺼덕 답변을 해 준다. 한창 사내로서의 몸이 다져지기 시작하던 이십 대엔 아파트 엘리베이터를 오르내리는 동안에도 동네 할머니 팬 몇을 일찌감치 확보해 두었다.

아들 키우기가 그리 만만하던가. 눈앞에선 싹싹하게 답을 해도 끝까지 챙겨주지 않아 뒤통수 맞은 일이 한두 번이 아니었다. 피아노 학원에 잘 다닌다 싶어 회비를 내러 가면 한 달째 오지 않는다거나 싫은 일을 모면하려고 뻔한 거짓말로 곧잘 둘러댔다. 눈앞의 일도 그러는데 보이지 않는 곳에서야 오죽 하랴 싶었다. 어르고 달래다가 엎어 치고 메치며 갖은 노력을 기울여도 호락호락 잡히지 않았다. 제 싫다는 데는 도리가 없었다. 저도 사내라고 단단한 철심이 느껴졌다. 만만찮았다. 자칫 사이만 나빠지지 않을까. 크느라 그러니 조바심 내지 말고 기다리라고들 했다.

남학생 교실에선 교사의 목소리가 학생보다 커야 휘둘리지 않는다. 좀 지나서는 알고도 속고 모르고도 속아주면 오히려 더 좋은 관계가 유지된다. 시시콜콜 따져봐야 득보다 실이 많다. 그래도 남자애들이 진밥 된밥 가리지 않고 설렁설렁 쏟아내는 천진스런 꿈들이 좋았다. 드라마를 보면서 농구 선수가 되고, 소방대원이 되고, 시 쓰는 회사원이 되었다. 아들도 교복을 입으면서 그렇게 철이 들어갔다. 언젠가 친구를 따라 딱 한 번 철학관에 갔더니 아들이 바다를 보고 살면 사주와 잘 맞겠다고 했다. 제 길인지 5대양을 무대로 하는 기업체에서 세상을 배우고 있다.

토요일, 요긴한 볼일이 없으면 우리 일정에 동참하기도 한다. 함께 등산을 하고 영화관에 간다. 이번엔 토요일이 4일로 늘어났다. 추석 연휴 3박 4일 전라도 여행길에 동행하겠다고 한다. '횡재인 듯 하지만 연애 사업이 신통찮은가?' 걱정이다. 아들과 동행한다는 말에 친구들이 놀라워한다. 아무렴, 공든 탑이 무너지랴. 어릴 때부터 함께 다진 여행길이 얼마인데. 잠시 으쓱할 뿐이다. 세월 앞에 변하지 않을 게 어디 있으랴.

아들이 아비를 코치한다. 아비는 아들이 신던 신발을 신고 나선다. 280mm 흰 가죽신이 제 발에는 발가락이 눌리고, 아비 발에는 공간이 남아 발이 겉돈다. 백화점이라면 도리질을 하던 아비는 득달같이 달려가 빈 공간을 채워줄 깔창을 구해 왔다. 아비는 아들이 작다고 내놓은 옷을 입고 신을 신는다. 거울 앞에 서더니 넘치는 뱃살을 밀어 넣으며 한결 젊어진다며 입이 벌어진다. 머리카락 몇 올을 오른쪽으로 쓸어 넘기며 늙어가는 빈 머리를 가린다. 수학여행 같다는 일정을 조정하여 아들이 원하는 맛집을 찾아 긴 줄을 서고, 분위기 좋은 찻집에서 정담을 나누었다. 부모와 자식의 경계를 넘어 맞추다 보면 세대차를 잊고 정이 단단해진다.

장성한 아들은 손님이다. 새로울 것 없는 부모의 말은 접고 풍성하고 맛깔나고 고급스런 서비스를 제공해야 한다. 그래야 자주 발걸음을 해준다. 어미들은 다들 그렇게 자식에게 맞춰 산다고 한다. 부모에게는 아들의 말 한 마디 한 마디가 가볍지 않다. 부드러워 보인다 싶어 당겨 보면 만만치 않은 어떤 기운이 있다. 거친 세파를 헤쳐 나갈 때 중심 잡아 줄 닻이 될 터인 즉 신이 아담에게만 내린 특별한 선물일지 모른다.

한 공간에서 며칠을 지내다 보니 보인다. 어른이 되었다지만 철없던 시절의 구멍들이 그대로 숭숭하다. 장가 들면 철들려나. 모자란 틈을 메워주고 무거운 어깨를 감싸줄 제 짝과 들어설 날이 기다려진다. 모든 부모의 당연한 바람일 테지만, 속마음은 주책없이 미련을 떤다.

아들아. 잠시만 더, 조금만 더 내 곁에서 쉬었다 가렴.

메기의 변명

늦가을 햇살이 고마운 날이다. 복도 끝 한쪽에 체육복 차림의 사춘기 소녀들이 햇살 속에 옹기종기 모여 있다. 동글납작하게 낯익은 뒷모습이 우리 반 애들이다. 학예전에 전시된 아이들의 작품이나 둘러보려고 나선 길. 몇 걸음 다가서자 무리 속에서 '야, 메기다.'라는 소리가 표창처럼 날아온다. 주변을 둘러보니 나밖에 없다.

눈이 확 뜨였다. '저놈들이 내게 붙인 별명이 메기이구나!' 언젠가부터 몇 놈들이 키득키득 소곤거리며 분위기를 묘하게 만들고 있다. 무슨 말을 해도 데면데면하게 굴면서 모래알처럼 빠져나갔다. 몇 놈이 합세해 학급 분위기를 휘젓고 있는데 딱히 손에 잡히는 물증이 없다. 아이들의 얼굴에 동요가 없는 걸 보면 자기네들끼리는 나처럼 별일은 아닌가 보다. 몇 놈들의 일상적인 말인가 보다. 어쨌든 당황스럽다. 표정 관리를 어떻게 하나.

입이 못생긴 메기. 찢어진 입과 두꺼운 입술을 가진 우스꽝스러운 물고기이다. 설화를 보면 메기가 그런 외모를 지닌 연유는 제 기분에 도취되어 떠들어대다가 입을 맞았기 때문이다. 분위기 파악은 물론 제 분수를 모른 대가였다. 매일이다시피 야단이나 치는 선생 입을 어느 날부터 보기 싫은 메기입으로 둔갑시켰다. 그런 깜찍한 선물을 했음직한 녀석이 누군지 알만 했다. 학기 초부터 내 딴에는 제법 공을 들이던 놈이다. 야단맞는 이유를 제가 잘못해서가 아니라 선생 입이 못생겼기 때문이라고 치환시킨 맹랑한 녀석이다. 한동안 잘 지내더니 그만 뒤통수를 친다.

우리도 중3 때 선생님의 별명을 많이 불렀다. 머리통이 굵어지고 학교생활도 알만 하니 소통 안 되는 꼰대 선생이 지루했다. 대하기 어려운 선생님을 '오리궁뎅이', '멍게주둥이', '루트루트쥐똥' 등으로 바꾸어 불렀다. 함께 킬킬거리다 보면 재미있고 우리라는 연대감도 생겼다. 딱히 반감 같은 건 없었다. 학년의 군기 반장인 학년부장으로서 나도 저 애들에게 그런 배설구가 되어줄 수 있다. 자의식이 싹트는 아이들의 쓰레기통이 되어 후배 교사들의 힘을 덜어줌직한 연배이다. 그렇건만 속 좁은 내 장기들이 화를 참지 못한다. 약을 한 움큼씩 털어 넣으며 을씨년스런 늦가을을 보내고 있었다.

어디로 튈지 모르는 청소년들과 지내온 긴 세월 어찌 별의별 일이 없었으랴. 멀쩡한 백미러를 떼어 수업 중인 여교사의 치마 밑까지 훔쳐보는 일은 지금 돌아보면 귀여운 일탈이다. 문제를 지닌 애들은 항상 있게 마련인데 그들이 반 분위기를 좌우할 정도가 되면 정말 난감해진다. 어느 해 중년의 담임은 겨우겨우 한 해를 마치고 마음병을 얻어 휴직계를 내고 말았다. 성적인 말을 예사로 내뱉으며 수업 분위기를 흐리거나 대놓고 교사에게 달려들어 수업을 방해하는 놈들도, 복도에서 벌서다 옆 반으로 기어가 함께 노는 녀석도 언제나 교사의 예상을 뛰어넘는다. 죽 끓듯 여러 방향에서 튀어오르는 놈들 앞에서 교사로서의 무력감이 커진다.

수학여행이 교사에겐 여행이 아니다. 싸우는 학생들을 말리던 타교 교사에게 대놓고 모진 욕설을 날린 놈, 타지 여학생들의 방에 몰래 숨어 들어가 여학생 중간에 천연스레 누워 있던 남학생과 숨겨주는 여학생들, 여행에서 돌아오던 중 자기 집 정류소를 그냥 지나쳤다며 신호대기 중인 버스에서 뛰어내린 녀석도 있었다. 긴 세월 세상의 변화에 아이들인들 별 수 있으랴. 갈수록 그악해지는 아이들의 일탈에 교사는 사후 약방문이나 처방할 뿐이다.

학급은 '우리'라는 연대의식이 강한 집단이다. 우리 집처럼 우리 반, 우리 선생님, 우리 학생이라는 보이지 않는 끈으로 둘러 있다. 그래도 중학생에게는 옆 반 담임보다는 우리 담임이 더 좋아 보이고 옆 반 학생보다는 내 반 학생이 더 예뻐 보인다. 큰 잘못이 아니면 담임과 학생이 서로 공모자가 되어 봐주기도 한다. 더 잘 해보자고 손가락 걸다 보면 한 해가 후다닥 지난다. 새 학년이 되어도 한동안 옛 담임을 찾아와 미주알고주알 소식을 들려주는 아이들의 정이 끈끈하다. 담임의 보람이다.

그해 정말 삼재三災가 들었을까, 사나운 아홉수를 만났을까. 원하던 보직을 놓치고, 교실에서 제대로 라포(Rapport) 형성을 못한 채 죽을 쑤고 있었다. 그래도 체면치레는 해야 하니 죽 튀는 소리가 교실 밖으로까지 나가지 않도록 전전긍긍했다.

까짓 별명이 대수인가. 노련하다고 자만했던 학급경영이 난관에 봉착했다. 몇몇의 세력 다툼으로 학부모가 다녀가고, 수업을 한 교사들마다 어수선한 분위기를 호소해 오더니 시험 결과는 늘 꼴등이다. 오토바이를 타고 출퇴근하는 훈남 체육교사는 사춘기 소녀들의 우상이었다. 그가 한 아이만 편애한다며 학부모회를 소집하게 된 것도 우리 반에서 생긴 문제 때문이다. 가랑비에 옷 젖지 않으려면 엄격한 지도가 필요했다. 선의의 피해를 입는 학생들이 없어야 했다. 나는 모든 학생의 교사이지 않은가.

미꾸라지처럼 휘젓고 다니는 놈들을 지도하는 동안, 다른 아이들 마음도 놓쳐 버렸다. 절묘한 반전을 만들어보겠다고 머리를 짜낸 노력마다 오히려 화근이 되었다. 앵앵거리는 벌 몇 마리 후려치려다가 벌집을 건드린 격이다.

자기 직업을 천직으로 여기며 그 일에 평생을 바쳐온 이들이라도 그 길이 늘 꽃길만은 아니었을 테다. 진흙 개펄에 푹푹 빠져들거나 가시밭에 찔릴 때마다 한 잔 술에 기대어 세월을 원망할 수도 있다. 그해 운수 탓을 하며 마음을 달래기도 한다. 복잡한 미로에서 출구를 찾지 못한 채 온몸으로 힘든 시간을 받아들일 수밖에 없을 때도 있다. 그해가 그랬다.

졸업식이 끝나고 아이들이 떠난 빈 교실에 앉았다. 더 큰 탈 없이 한 해를 마치고 아이들도 모두 원하는 학교에 진학을 했다. 아이들은 제 천성대로 지내왔고, 한 교실에 별난 애들이 좀 더 모였을 뿐이다. 어느 해보다 더 열심히 교실에 들락거리며 아이들을 살폈다.

'경력과 설익은 교육학 지식을 믿고 자만했던 탓일까. 눈높이를 낮추어 다독였더라면. 착 안겨오지 않더라도 그러려니 보아 넘기고, 대놓고 반감을 표하지 않으면 그냥 기다려주고. 순둥이들을 대하듯 적당히 봐 주며 통 크게 기다렸다면 어땠을까?' 바람 부는 대로 돛을 달고 안 되는 일은 그냥 넘어가면 될 일이었다. 사람마다 재목이 다른데 분위기 파악을 못한 메기의 입이 되어 내 잣대로 욕심을 부린 결과이다. 그런대로 마무리는 했으니 수고했다고 할까. 시간이 날 때마다 몰두했던 상담심리 공부는 학생들을 위한 게 되지 못하고 결국엔 나를 위한 마음공부로 그쳤다.

2월 햇살이 시끌벅적하게 내리쬔다. 따뜻한 햇살 위에 아이들의 동글납작한 얼굴들을 떠올리며 진짜 마지막 종례를 한다.

애들아, 나도 너희에게 물고기 별명 하나 붙여줄게. 물고기 코이. 어항에서 자라면 피라미가 되고 강물에서 자라면 대어가 된다는 신비한 물고기야. 부디 어항에 갇히지 말고 넓은 강물을 향해 부지런히 헤엄쳐 가렴.

놀이 예찬

잔치가 벌어졌다. 여한 없이 질펀하게 벌어지는 낙화의 춤판이다. 나무에 붙어서도 오가는 걸음을 멈추게 하더니 떨어지면서 또 한 번 발길을 잡는다. 나는 봄날의 이 흥겨운 춤판 속에 어우러지고 싶다.

출근 길, 가로수 아래를 지나다 벚나무 터널 풍경에 눈이 홀렸다. 꽃잎들이 떼를 지어 몰려다니며 바람을 희롱하다가, 한 잎 한 잎 분분히 날아다닌다. 어느 집 잔치에 가느라 이른 아침에 그리 바삐 달리시는가. 신호등 앞에 멈추는 잠시 창을 내리고 옆 운전자에게 인사를 건넨다. '안녕하세요, 꽃잔치가 벌어졌어요.', '그래요, 세상이 잔칫집 참 멋진 날이에요.' 무언의 눈짓을 주고받으며 운전대를 장구 삼아 손장단을 맞춘다. 꽃잎은 바람 따라 떨어지면서 제 춤들을 추고 있다.

놀이가 절실해질 때가 있다. 일이 능력 이상의 기대치를 요구하며 시시때때로 편두통을 달고 온다. 어쩌다 손톱만한 즐거움 하나 던져 주면서 갈수록 많은 노동을 요구해온다. 바깥 풍경이 시도 없이 눈길을 끌고 가는데 시간을 잊고 바라볼 여유조차 없다.

놀자. 꽃도 한 때 인생도 한 때라고 꽃들이 일러주지 않는가. 밀쳐 둔 바깥세상엔 날마다 잔치가 열리는지 사람들의 말에서 윤기가 돌았다. 억눌려있던 놀이 본능이 꿈틀거린다. 후미진 골목길에 숨어 처음 담배를 맛보는 사춘기 아이들처럼 그냥 거리를 누비고, 산야로 몰려다니고 싶다. 현실은 숨 돌릴 틈 없이 바쁜 4월인데, 망측한 생각을 하느냐고 내 생각을 들여다본 누군가가 뒷덜미를 야무지게 후려칠 것 같다.

친구야말로 놀이의 최고 파트너이다. 친구는 만난 시기에 따라 감성이 다르다. 어린 시절 친구는 성인이 되어도 어린 시절 말투로, 여고 때의 친구는 여고 시절의 감성으로, 직장인으로 만난 친구는 늘 점잖게 만난다. 여고 때 한 교실에서 지냈던 친구들이 있다. 일진이, 둘리, 삼자, 사연이…. 영화 '써니'의 친구들을 연상시키는 이름으로 바꿔 부르다보면 어느 새 그 시절로 돌아가게 된다.

정조 때 규장각 외각 검서관을 지낸 실학자 이덕무는 젊은 시절 공자에게 밥을 얻고 좌씨에게 술을 얻었다고 했다. 가족들의 배고픔을 해결할 길이 없게 되자 아끼던 논어 책을 팔았다고 했다. 유득공은 그 말을 들은 즉시 가장 아끼던 '좌씨춘추'를 팔아 와서 술을 사주었다. 밥벌레라고 자책하는 친구를 위해 자신도 기꺼이 술 벌레가 되어주었다. 소중한 것을 털어 밥벌레와 술 벌레임을 자처하던 그들의 저녁은 얼마나 애틋했을까.

마음을 알아주는 친구가 곁에 있다는 건 얼마나 복된 일인가. 남편의 첫 기제사를 지낸 친구 집에 몇몇이 모였다. 깊은 상처는 깊은 세월로 치유되는 법, 말이 필요치 않다. 유득공처럼 제 소중한 것을 다 털어내 주지는 못해도 우린 잠시 친구의 눈물을 닦아줄 수는 있다. 언제 아이처럼 웃어본 적이 있던가. 웃음이 눈물을 닦아내고 한 번 두 번 웃음이 모여 위로가 된다.

웃음을 만드는 건 놀이이다. 환갑을 목전에 둔 여인네들의 놀이가 무엇일까. 밤새 술판을 벌일 배포도 없고, 춤판을 즐기지도 못한다. 놀이는 아이들만의 전유물이 아닐 터. 어른도 제 속에 있는 아이를 놀려야 한다. 웃다보면 즐거워진다. 터질 듯 웃을 수 있는 놀이를, 체면을 던지고 생각도 던지고 더 유치하게 몸으로 표현하는 놀이를 찾아야 한다. 남들이 모르게 우리끼리 은밀하게 수행해야 한다. 그래야 더 즐겁다. 헤밍웨이는 첫 아내와 시골 생활의 무료함을 달래려고 기껏 머리 모양이나 옷차림새를 바꾸어 지인들의 눈을 속이는 것을 은밀한 놀이로 즐겼다지 않는가.

은밀한 놀잇감 사냥에 나섰다. 오늘은 일명 '화보 촬영' 놀이이다. 친구의 옷장을 다 털어내어 마당 한복판을 무대로 삼아 모델 흉내를 내는 놀이이다. 그게 뭐 별거냐고 할지 모른다. 우리처럼 몸말에 익숙하지 않은 세대들에게 무대 위에서의 자기표현은 아무리 소소할지라도 평범한 일은 아니다. 자기 일탈이 될 수 있는 힘든 일이다.

스카프 몇 개를 덧붙여 아랍 공주가 되고, 화려한 색감을 더하면 레드 카펫을 밟는 여배우가 된다. 어깨를 드러낸 드레스도 없고 왕관도 없지만 일상성을 벗어난 자신의 새로운 얼굴 하나 만드는 일이다. 규칙은 각자 제대로 된 사진을 건질 때까지 근육이 얼얼해지도록 카메라 앞에서 포즈를 취하면 된다. 흉허물 없는 친구들 앞이라도 쑥스럽다. 눈맛이 어디 있으랴. 반백의 머리에 배는 볼록하고 걸음은 뒤뚱거린다. 뒷전으로 슬그머니 꽁무니를 빼다가는 시간만 더 연장할 뿐. 제 몫의 무대를 채워야 한다. "팔을 올려라", "다리를 꼬아라", 중구난방이다. 모두가 주인공이고 모두가 연출자이다. 망가지고, 어색하고, 어설픈 몸짓이 웃음을 자아낸다. 늘씬하고 세련된 모델의 자태에 길들여진 눈에서 웃음이 터지더니 기어이 눈물까지 찍어낸다.

처음엔 왜 이런 놀이에 몰두하는지 잘 몰랐다. 친구들은 교실에서 철없이 키드득거리던 열아홉 살도, 천으로 도삽 부린다는 어린 여아도 아닌, 이제 이순耳順 턱밑까지 다가선 어른들이다. 체면치레에 신경 쓰이는 장모님이요, 시어머니요, 나름 남들 앞에서 점잖 떠는 사회인들이다.

놀이하는 인간 '호모 루덴스'는 인간의 심성을 순연하게 하고 삶을 새롭게 하는 힘을 준다. 살풀이 굿판을 질펀하게 한 판 벌인 듯하다. 살면서 생긴 내상을 치유해준다. 웃다 보면 단단한 페르소나가 바스러지고 감춰져 있던 내면의 자아가 드러난다. 칼 융이 말하는 내면의 어린아이는 울고 싶고, 소리치고 싶고, 위로 받고 싶다. 남자든 여자든 늙은이든 어린애든 억눌린 자아를 보살피고 키워야 진짜 어른이 될 수 있다. 친구들과 깊은 감정을 나누며 배꼽 빠지게 웃을 때 세상은 얼마나 살맛나는가. 친구들의 얼굴에서 자신의 닮은꼴을 보게 된다. 너와 하나가 된다. 그래서 옛사람들도 자기를 알아주는 벗과의 사귐을 귀하게 여겼을까. 그런 밤, 늦은 귀갓길의 바람 냄새가 달았다

봄날이 간다. 신발 끈을 단단히 묶고 벚꽃 춤을 따라 나서야겠다. 길에서 나를 알아주는 벗을 만나게 되면 한 판 신명나게 놀아볼 일이다.

'친구야 노올자. 봄날아 노올자.'

제2부
빈산

빈 산

겨울 산을 오른다. 회색빛 바위와 얼어붙은 계곡을 지나 낙엽 위를 걷는다. 좁고 구불구불한 길마저 겨울잠에 들고 싶은지 뱀 꼬리를 붙든 채 땅속으로만 숨는다. 하늘은 앙상한 몸피 끝 나뭇가지가 받치고 있다. 인적 없는 고요한 산에서는 낙엽 바스락거리는 소리가 길을 낸다.

지난가을부터 부산 근교 영남 알프스 산들을 다니는 중이다. 코로나 없는 청정한 세상길을 찾는다. 오늘은 원동 천태산 등산길. 산은 황량하다. 가지 끝에서 봄빛 하늘거리던 새 잎이 단단한 근육질의 남성미를 불태우는 여름 잎으로 바뀌고, 교태 어린 만산홍엽이 되었다가 이제 발밑 땅으로 돌아가 뿌리로만 사는 계절. 눈으로, 귀로,

코로, 무엇 하나 채울 것 없는 빈 산인데 오늘도 왜 산을 찾는가.

초입에서부터 가풀막이다. 계단을 오르고 비탈을 오르는 일이 언제나처럼 만만치 않다. 몇 걸음 못 가 다시 숨이 턱턱 막힌다. 하나, 둘 …쉰, 하나, 둘… 백…. 뒤로 처지기만 하는 걸음을 입으로 끌어올린다. 엄동설한에 비지땀이 뚝뚝 떨어진다. 생의 가풀막에서 오늘처럼 숨을 몰아쉬고 땀물, 콧물 흘려가며 제대로 오른다면 생은 그 정상의 왕좌를 내어주는 법. '젊은 날 이렇게 오르막을 올랐다면 지금의 삶은 어디가 어떻게 달라졌을까?' 노래하듯 평지를 걷고 싶은 게 우리네 본능일 터. 이제 젊은 날처럼 무엇을 이루기 위해 산을 오르는 건 아니다. 좋은 길이므로, 길을 걸으면 친숙해지므로 길을 좀 더 걷고 싶다. 나서고 싶어 나선 참이니 그저 길 따라 오를 뿐이다.

얼마큼 올랐을까. 평탄한 능선길이 펼쳐진다. 이 길만큼은 누구보다도 잘 갈 수 있다. 같은 거리라도 힘은 오르막의 반의반, 그 반의 반도 안 든다. 정상에 다가갈수록 길이 험하고 바람이 드세다. 응달 군데군데 잔설이 있어 한 걸음 한 걸음을 조심해야 한다. 찬바람에 곱아드는 손으로 옷을 여민다. 몸을 웅크린다. 마지막 숨 한 번 크게 몰아쉬면 드디어 정상.

표지석 앞에 앉는다. 중중한 봉우리를 보노라니 산이 깊고 고요하며 따뜻하다. 툭 트인 풍경에 시야가 환해지며 오르는 도중에 느낀 육체의 고통쯤은 아무렇지도 않다. 다리를 펴고 앉으니 편안하다. 아무 생각도 감정도 일지 않는다. 무거울 것도 가벼울 것도 두려움도 없다. 힘든 길을 오르느라 오직 걷는 일 하나에만 집중했기 때문인지 무념무상의 경지이다. 저 표지석도 지금 무거움도, 가벼움도, 두려움도 없이 서 있다. 그냥 그 자리에 있다.

이런 때 우리는 삶의 자유를 더 많이 품게 된다. 신에게 부여 받은 본래의 '나'는 이런 나가 아니었을까. 덕지덕지 붙은 잡동사니들로 무거워지지 않고 걸림조차 사라졌다고 느끼는 일순간 우리는 생의 가풀막에서 좀 더 자유로워지지 않을까 싶다. 그런 순간은 생각보다 많을지 모른다. 미처 인식하지 못할 뿐.

잠시 일상을 벗어나면 종종 걸림 없는 자유가 찾아온다. 산사의 마루에 앉아 바람에 댕댕거리는 풍경 소리를 듣거나, 추녀 끝에서 똑똑 떨어지는 봄비 소리를 보는 이른 아침에, 아파트 화단의 치자꽃 향기를 더듬어 가는 어두워오는 저녁에, 깊은 수도원에서 울려 나오는 숭고한 그레고리안 성가를 들을 때, 동네 영도 앞바다로 지는 해넘이의 장관 앞에서…. 오로지 그 자체에 빠져들면 자신도 모르게 '멈추어라 순간이여, 너는 참으로 아름답다'는 탄성이 절로 터진다. 군더더기 생각이 사라지며 순수한 내가 된다.

산행을 거듭할수록 시선을 끄는 것은 산비탈에 늘어선 벌거벗은 겨울나무의 행렬이다. 큰 가지와 작은 가지, 굵은 가지와 잔가지가 이리 벋치고 저리 굽으며 엮어내는 나신의 선이 그대로 예술작품이다. 얼핏 보면 몸피가 희끄무레하기만 하지만 자세히 볼수록 색감이 오묘하게 어우러진다. 잔가지는 연고동색, 중간 나무는 회백색, 굵은 나무는 회녹색. 한겨울을 나기 위한 그들의 알몸이 은근히 눈을 홀리고 마음을 끈다. 가파른 등성이 끝까지 나를 불러올린 건 바로 이들이다.

돌아가신 큰고모를 생각하면 흰 가르마가 먼저 보인다. 고모는 아침마다 참빗으로 긴 머리를 정성껏 빗어 은비녀를 찌르고 도가(청과시장)로 출근했다. 헐렁한 일바지에 전대를 차고 높다란 상자 사이를 오가는 고모의 가르마는 시리도록 희었다. 청상과부의 몸으로 광복군을 따라 만주 땅에서 부산까지 온 고모의 인생길을 보는 듯하다. 먼지를 뒤집어쓴 발이 벌겋게 얼고 자주 부었으나 가르마만은 언제나 정갈했다. 고모네와 우리는 서로 탱자나무 울타리가 되어 오랫동안 한집에서 살았다. 저녁이면 마루에 앉아 사촌언니가 가르쳐준 구구단을 외며 간식거리를 든 고모의 손을 기다렸다. 고모는 그 작은 체구로 비탈진 시대의 찬바람을 감싸 안은 한 그루 겨울나무였으리라.

'이 시린 계절을 무엇으로 견딜까?', '다가올 봄에 대한 기대로, 지난여름과 가을에 대한 추억으로 겨울을 날까?', '이 겨울 지난 뒤 그려질 옹골찬 나이테 하나 꿈꾸는 걸까?' 이도저도 아닐 터. 나무든 사람이든 그저 생의 한가운데 있을 뿐이다. 서서 살아갈 따름이다.

바람길 따라 가지 눕히고 빗길을 살펴 하늘 향하고 눈길에 덮여 휘어지는 것. 과거도 미래도 내 것이 아니다. 그저 알몸으로 이 현재를 견뎌가는 게다.

무엇을 이루려고 누구에게 보이려고 애쓰지 않는다. 평화의 생명을 잉태한 겨울, 화려한 미사여구나 치장이 얼마나 본질을 가질 수 있으랴. 생각과 감정과 온갖 잡동사니들로 채색된 편견을 걷어내고 오롯이 본래의 나로서만 존재해야 하리. 겨울나무는 생의 진면목을 알고 난 후, 어떤 경지를 깨달은 사람이 서 있는 모습을 닮아 있다.

나이가 든다는 건 삶의 중심으로 한 발씩 다가서는 것일 게다. 겨울나무는 최소한의 것으로만 겨울을 날 수 있다는 깨달음의 정수를 보여준다. 그래서 다시 그 힘든 산을 오르는 게다. 그 앞에 설 때마다 늘 가슴이 뛴다. 부러움과 부끄러움으로, 존경과 겸손으로.

쏴아아, 바람이 산을 훑는다. 나무둥치 사이를 타고 내리는 소리가 깊고 묵직하다. 땅 밑 저 아래 세상의 울림인가. 산은 텅 비어 있지도 황량하지도 않다. 겨울 산은 길로, 바위로, 바람으로, 나무로 가득 채워져 있다. 모든 걸 품고서도 알몸인 채로 지내는 겨울 산. 그 산이 품은 나무, 나무, 나무. 누가 저 산을 빈 산이라 하는가.

은행나무 꽃

버스를 기다리며 가로수를 올려다본다. 무성한 잎 뒤에 은행 열매가 조랑조랑 매달려 있다. '언제 그 작은 잎이 무성해져 열매를 맺었을까?' 열매가 있으니 분명 꽃이 피었을 텐데 꽃을 기억하는 사람이 없다.

은행나무가 늘어선 길은 정겹다. 덩치 굵은 은행나무가 늘어선 풍경은 퇴락한 도심을 유서 깊은 곳으로 보이게 하고, 낯선 곳을 금방 친근하게 만든다. 오랜 세월 한 자리를 지켜 온 사람처럼 듬직하다. 평생 한 분야에서 자신을 벼려 온 거장들의 행렬 같다고 할까. 시리고 아픈 세월을 제 나이테로 품어온 넉넉한 품이 느껴진다. 오래된 나무들이야 다 그러하지만, 은행나무는 항상 사람들 가까이에서 더

불어 살며 위안을 주는 나무이다.

은행나무 길을 그냥 지나칠 수 없다. 잎이 나올 무렵이면 자잘한 잎이 온전한 제 꼴을 갖춘 게 놀라워 들여다본다. 그 잎이 금방 자라 무성한 그늘을 만들면 그늘에 잠시 땀을 식힌다. 노랗게 물든 잎이 바람 따라 우수수 떨어지면 아무리 바빠도 발길을 멈춘다. 혼자 걷다가도 노란 잎을 주워 날리며 사진 한 장 남기고 싶다.

늘 곁에 있어도 은행나무 꽃을 본 적이 없다. 인터넷 자료를 찾았다. 꽃은 잎 뒤에 숨어 핀다. 4월 말에서 5월 초순 사이 서로 다른 그루에서 암수 꽃이 잎과 함께 잠시 핀다. 암수 꽃 모두 잎과 색깔이 비슷하고, 생김새도 꽃으로 보이지 않는다. 변형된 잎 같고, 줄기 같다. 그나마 잎에 가려져 있으니 우리 눈에 띄는 일이 없다. 꽃이면서 꽃이 아닌 꽃, 잎을 키워주는 꽃, 잎 아래에서 열매를 키워주는 꽃이다. 꼭 지켜보리라 별렀는데 올해에도 어느 결에 지나쳐 버렸다.

살면서 그런 꽃이 되어야 할 때가 있다. 부모가 될 때이다. 부모는 자식에게 든든한 버팀목이고, 언제라도 돌아와 안길 수 있는 따뜻한 품이다. 부모님의 거칠어진 손이 그리운 것은 '참 잘했다'며 있는 그대로의 나를 믿어주기 때문이다. 우리 부모님들을 떠올리면 늘 그런 생각이 든다. '나는 어떤 부모일까? 베이비부머 세대인 우리도 그런 부모일까?' 우리 세대 또한 궁핍한 시대를 떨쳐내고자 더 많이 배우고, 더 많이 일하면서 앞을 보고 달렸다고들 한다. 자식들이 우리를

자양분으로 삼아 무성한 잎으로 자라고 열매를 맺으리라 기대했다. '우리가 피운 꽃이 열매를 잘 맺었을까?'

딸과 외국 여행을 할 때였다. 딸이 이끄는 대로 낯선 거리를 다니는 일이 국내의 도시를 여행할 때처럼 편안했다. 딸은 내 여행의 든든한 안내자이며 길벗이었다. 내가 기대하던 대로 원하는 대로 다닐 수 있도록 섬세하게 마음을 써주었다. '언제 다시 올까?'하는 마음에 무리를 하고 싶은 때가 생겼다. 그럴 때 딸은 평소와 달리 냉정했다. "근처에서 쉬고 있을 테니 혼자서 다녀오"라고 했다. 예전처럼 독촉하여 앞장세울 수가 없었다. 순간 영어를 못하는 엄마의 처지를 뻔히 알면서 저러는 딸에게 야속한 마음이 들었다. 한편으론 어릴 때와 달리 단호하고 냉정하게 제 뜻을 전하는 딸이 오히려 듬직했다.

딸은 자라면서 내 말을 잘 따랐다. 버거운 사춘기에도 목소리 높여 대드는 일 한 번 없이 조용히 지나갔다. 엄마의 말이라면 스펀지처럼 받아들이며 제 힘든 내색을 하지 않았다. 첫째인데다 밝고 긍정적인 성격이라 기대치를 높여가도 별 탈이 없을 줄 알았다. 아들은 순한 것 같아도 제 뜻과 다르면 버럭거리니 조심스러웠다. 생일날이나 어버이날 같은 때 딸애는 꼭 편지를 썼다. 편지는 단정했고 엄마에 대한 사랑과 존경이라는 단어를 빠뜨리지 않았다. 그런 줄 알았다. 딸과의 대화에서 발랄함이 사라지고 겉옷 위에서 등을 긁어주듯 시원치 않은 일들이 생겼다. 잠시 그러는가 했다.

엄마에게 내뱉지 못한 말들을 응어리로 품고 있었다. “아무리 노력해도 엄마는 칭찬에 인색하더라.”고 했다. “제 친구 누구에게는 곧잘 잘했다는 말을 전해주면서도, 제가 노력한 결과에 대해서는 당연하게 여기더라.”고 했다. “구구단을 힘들게 외웠을 때도 엄마의 표정은 ‘뭘 그런 걸’하는 표정이었고, 상장을 받은 날 엄마의 칭찬을 기대하며 뛰어왔는데 그저 그러더라.”고 했다. “언제는, 또 언제는….” 하면서 끝도 없이 지난 시간들을 뱉어내었다. 몇 번의 여행을 함께 하면서 우리는 낯선 침상 위에서 여러 밤을 설쳤다. 나보다 더 키가 커도 자식은 자식이다. 나뭇잎 아래서 표 나지 않게 받쳐주려던 것이 억지로 밀어 올린 꼴이 되었다. 나의 어떤 말도 옹색한 변명이 되고 나는 점점 작아졌다. “엄마 노릇이 처음이라 욕심이 과했다고 잘못했노라고” 했다. 때론 딸을 꼭 안아주었다.

스물 셋 6월 이맘때였다. 친구랑 절 구경을 하고 나오는데 갑자기 비가 왔다. 추녀 밑에 쪼그리고 있자니 작설차를 따라주던 스님의 맑은 눈빛이 자꾸 떠올랐다. 비가 그치자 햇빛을 받은 나뭇잎들이 반짝거렸다. 꼭대기의 나뭇잎은 더욱 눈부셨다. “우리, 제일 높은 곳에서 반짝이는 저 나뭇잎처럼 살자.”고 친구가 속삭였다. 파릇파릇하게 눈부신 청춘이었다. 그 나이에는 누구나 우듬지의 나뭇잎보다 더 빛나고 싶을 때이다. 나는 한동안 먼 산만 바라보다가 그 “아래 나뭇잎처럼 누군가를 받쳐주는 사람이 되고 싶다.”고 불쑥 내뱉었다. 그날 스님의 눈빛 때문이었는지 모른다.

친구의 말대로도 내 말대로도 살지 못했다. 삶이 그런 걸까. 잡지도 놓지도 못하면서 징징거리다 지나쳐가는…. 내 삶의 중심이 없었으니 딸을 힘들게 했나보다.

큰 은행나무에서 임계점을 넘어 선 사람을 느낀다. 끓는점을 넘은 물이 수증기가 되어 날아가듯, 짙은 어둠을 견딘 자가 새벽을 맞이하듯 한계점을 지나온 사람이 보여주는 너그러운 아량이 있다. 그런 이는 사람 사이에서 있는 그대로의 상대를 받아들이고, 있는 그대로의 자신을 사랑할 줄 아는 사람이다. 편안한 품이 사람을 오래 불러들인다. 부모도 자식을 키우며 조금씩 성숙해지고 불안하고 미숙한 시간을 단련시켜 간다. 부모는 자식에게 '나'이면서 '나'가 되어서 안되고, '꽃'이면서 '꽃'으로 머물 수 없는 존재이다.

올봄에도 봐 주는 이 없이 은행꽃이 저 혼자 피었다 졌다. 한 차례 소낙비가 훑고 간 자리에서 열매가 굵어진다.

간장 종지

문자가 날아온다. 경쾌한 음향이 온몸을 흔들어 깨운다. 손가락의 터치 한 방에 액정 화면 가득히 글 한 편이 펼쳐진다. 한 바닥에 불과한 글이 그저 스쳐갔을 하루를 물구나무서게 한다.

카톡으로 배달되는 글은 작다. A4에 쓰인 글이 대접만하다면, 카톡 글의 크기는 종지만하다. 시 한 수, 진심이 담긴 댓글, 삶의 지혜가 담긴 경구 등은 길이가 짧고, 문장이 간결하여 누구나 편안하게 대할 수 있다. 읽는 이의 마음에 순간 불꽃을 일게 하고, 잔잔한 울림을 남긴다. 목마른 마음을 촉촉하게 적시며, 닫혔던 생각을 열어주기도 한다. 글의 양이 아니라, 글에 담긴 온기가 시린 마음을 보듬어 주는 것이다.

무소유'에 대한 글을 대했다. 무소유에 대한 글을 역발상으로 '소유'로 풀어보기로 했다. 소유는 무소유의 반대어이지만, 어찌 보면 동전의 앞뒷면과 같다. '집착이 떠날 때까지 간직하라, 갈증이 없어질 때까지 채워라.'로 해석해보면 소유하고, 간직하고, 채우는 일이 갑자기 경건해진다. '어쩌면 그게 대부분의 사람들이 한평생 공들이는 일이 아닐까?' 갈증이 남으면 마음은 그것에 매이고, 허기가 남으면 몸은 몸살을 앓는 법.

내 젊은 날의 욕구는 직장 동료의 허세에서 비롯되었다. 그녀는 손 큰 시어머니와 사는 고달픈 현실을 내게 심심찮게 풀어냈다. 어제는 시어머니가 사온 제철 생선을 박스째 갈무리하느라 밤을 꼬박 새우다시피 했단다. 엊그제는 보따리마다 싸온 채소로 저녁 내내 장아찌를 담았다고 말했다. 내겐 그녀의 푸념이 이해되지 않았다. 그녀가 힘들다는 말 뒤로 은근히 드러내는 도도한 여유가 부러웠다. 두둑한 고방과 생선을 쟁여놓고 사는 그녀의 살림살이를 귀에 담으며 새댁은 실눈을 떴다.

나도 내 삶의 고방을 두둑하게 채우리라 작정했다. 값비싼 도자기 그릇의 자태에 혹하여 찬장 가득 사들였다. 명절 끝에 시어머니가 주시는 음식 보퉁이를 챙겨 올 때면 더 불룩해 보이는 형님네 보퉁이와 슬쩍 바꿔치기도 했다. 박스째 구입한 유자를 채써느라 손가락이 곱아지고, 매운 생강즙에 손가락이 아려도 밤이 늦도록 그 일에 매달렸다. 가족을 위해 내 손맛을 높이는 일이야말로 주부가 갖추어야 할 격이라 여겼다. 그럴수록 그릇의 크기는 커지고, 수량도 늘어났다.

세상살이가 집안에만 있는 게 아니었다. 둥글둥글 어울려야 할 중견 직장인이 되면서 한껏 사람을 품어야 할 때가 다가왔다. 몇 사람과 호흡을 맞추면 못 해낼 일이 없었다. 순수한 선의도 사욕으로 둔갑하는 세상을 거치며 일을 풀어가는 힘도, 발을 걸어 넘어뜨리는 힘도 관계라는 걸 깨달았다. 성에 차지 않는 인정을 받으려 엄살을 피우면서 모두에게 욕심적다는 말만 듣고 싶었다.

부모님이 돌아가셨다. 그간 맏이로서의 노고를 은근 슬쩍 떠벌리며 내게 따뜻한 털외투 한 벌은 사 주어야 한다고 동생들에게 억지 다짐을 받아냈다. 말을 뱉을 때까지 그 요구는 너무나 정당해 보였다. 자식 대접에서 늘 꼴찌로 밀릴 수밖에 없던 장녀는 한 번쯤 헛손질이라도 하고 싶었던가. 바로 그때 여태껏 잊고 있던 뭔가가 발밑으로 툭 떨어졌다.

간장 종지였다. 쓰지 않던 종지였다. 찬장 한 귀퉁이로 밀려 있던 종지였다. 차곡차곡 쟁여 논 큰 그릇에 가려진 종지도 내가 가진 그릇이라는 생각이 머리를 쳤다. 대접도, 주발도, 접시도 아닌 종지는 물을 담아도 겨우 목 한 번 축일 수 있는 양만 받아들인다. 무엇이든 푸짐하게 담을 수 없다. 장미꽃 사이의 찔레처럼, 스타로부터 열

걸음 남짓 뒤에 선 백업 가수들처럼 눈길을 받지 못한다. 그러니 더욱 조심스레 정성스레 담아야하는 게 종지가 아닌가.

손바닥에 종지를 올렸다. 말간 보랏빛이 반들거린다. 허리가 볼록하고 속이 넓다. 밥상머리에서 간장 종지를 밀어 주던 엄마의 손길이 떠올랐다. 국그릇, 밥그릇, 반찬 그릇이 널려있지만, 밥상 한복판에 자리한 엄전한 간장 종지. 어머니는 간장 종지를 아버지 밥상에 올릴 때면 늘 두 손으로 받쳤다. 간장은 식탁을 차리는 이의 정성을 마지막으로 마무리한다.

나는 이 간장 종지를 몇 번이나 식탁에 올렸던가. 별 생각 없이 가족이 먹을 음식마다 미리 간을 맞춰 두었다. 가장은 제 입맛에 맞게 생선을 찍어 먹겠다며 굳이 간장을 찾았다. 그는 어쩌면 생선 간보다도 간장 종지를 받쳐 내는 따뜻한 손길이 그리웠는지 모른다.

작은 것이 때로는 품격을 높인다. 간장 종지는 밥상이나 제사상 한가운데 차려진다. 당신 입맛에 따라 간을 맞추라는 종지의 배려가 주변 그릇을 다스린다. 겨자씨 한 알, 장기판의 졸, 매운 작은 고추, 석간수 한 방울의 힘을 어찌 모르랴. 때로는 옷 젖는 줄 모르는 가랑비 같은 슬픔을 받아들이며 살아가야 한다는 법을 간장 종지에서 배우기도 한다.

종지가 작은 만큼 순식간에 차고 넘칠 줄 알았다. '작다고 하여 쉽게 채울 수 있는 건 아니니요, 작다고 하여 함부로 버리고 치울 일도 아니다.' 작지만 제 위치를 지켜내는 간장 종지의 따뜻한 기품이 오늘의 나를 돌아보게 한다.

삶이란 소유하고, 채우고, 비워내는 끝없는 여정이다. 장성한 자식들이 하나, 둘 제 길 떠나고 나서 가장을 위해 차리는 저녁상 모습이 변했다. 예전과 달리 그릇 개수가 줄었다. 크기도 작아지면서 빈 공간이 늘어나 마음이 한결 편안해진다. 이제 소小소유의 과정에 들어선 자신을 발견한다. 미련을 남기지 않는 삶과 간장 종지의 미덕을 아는 나이가 되었나 보다.

오늘만큼은 내 종지 속에 누군가의 하루를 물구나무서게 할 온기로 가득 채우고 싶다.

피우오리

첫 음이 터졌다. 몸 안에서 맴돌던 소리가 세상을 차고 나온다. 아랫배에 힘을 주자 깊은 뱃속에서 머리꼭지까지 난 길을 따라 맑은 음들이 밀려 나온다. 소리 길이 열리면서 노래는 사랑의 밀어가 되고, 간절한 기도가 된다. 짜릿한 기운이 온몸을 훑는다.

그녀의 무대는 주일 낮 미사의 성가대석이다. 혼성4부로 화음을 이루는 성가대에서 소프라노를 담당한다. 베이스와 알토가 깊은 중저음으로 탄탄한 발판을 만들고 테너가 높고 맑은 길을 열어주면, 소프라노는 우아한 미소를 지으며 그 위에 살짝 멜로디를 얹는다. 소릿결이 맞추어지면 노래를 더 멀리 밀어 보낸다.

오늘은 특별한 날. 그녀가 솔로로 성가대를 이끄는 첫 무대이다.

'얼마나 오래 전부터 그려온 그림인가!' 꽉 찬 객석에는 기침 소리 하나 없다. 베를린 필하모닉 콘서트홀과 지휘자 아바도가 이끄는 오케스트라, 청중의 감성을 쥐락펴락하는 프리마돈나, 객석을 꽉 채운 신사숙녀들…. 늘 보던 영상물 같은 그런 멋진 무대는 아니지만 솔로로서 첫무대이다. 오르간 반주에 단복 차림으로 동네 성당에 서 있지만 아무 것도 부럽지 않다. 내 노래가 미사의 작은 부분에 지나지 않을지라도 끝까지 긴장을 늦출 순 없다. 마지막 음이 듣는 이의 가슴으로 사그라질 때까지. 연습량도 충분했고 마음가짐도 괜찮다. 오늘은 제대로 해 내겠지.

노래는 그냥 노래가 아니다. 슬픔과 기쁨 같은 정서 표현을 넘어 실패와 좌절의 기억을 치유하는 가락이다. 뭔지 모를 간절함과 기대를 길어 올린다. 삶에 대한 열정을 표출하는 일일 것이다. 노래는 선율로 올리는 기도이며, 기도를 깊게 하는 또 다른 기도이다.

사람들은 마음에 집을 짓는다. 그 집엔 세상 밖으로 내보내지 못한 열망이 산다. 어릴 때 성취감을 주던 재능, 생업으로 접은 꿈, 마르지 않는 샘을 찾으려는 갈증이다. 그런 집은 근원을 알 수 없는 것들로 세워진다. 대부분 나이가 들어서야 그 집의 문을 열려고 한다. 신기하게도 집이 클수록 주인은 더 가난한 삶을 산다고 여긴다. 열망이 아쉬움으로 불쑥불쑥 솟아나면 어느 순간 막연한 그리움이 된다. 그리움은 간절함이 되고 간절함이 깊어질 때쯤 부랴부랴 그것들을 돌아보게 된다.

한 선배 언니는 정년퇴직 후 독립영화를 시작했다. “영화배우가 되고 싶었던 어릴 적 꿈이 아직도 꿈틀꿈틀 몸 안에 돌아다니는 걸 느꼈다.” 한다. 곧장 시나리오를 쓰고, 독립영화 주연 배우를 했다. 지금은 카메라를 들고 20대 청춘들과 어울려 영화 공부를 하러 뛰어다닌다. 빼곡한 한 달 일정표를 보여주며 “아침에 나오면 하루가 짧다.”고 싱긋 웃는다. “찻값, 밥값도 만만찮게 든다.”는 선배의 얼굴이 환했다.

꿈길은 지근거리에 있다. 집에서 무대가 있는 성당까지 직선거리로 100여 m. 하루에도 수차례 다녀올 수 있는 무대를 앞에 두고 30여 년을 망설였다. 아니 기다렸다. 이제 진실된 신앙을 품고 싶다. 신심 깊던 부모님 손에 이끌리어 유년기를 보냈고, 청년기까지 종교 활동에도 제법 열심이었다. 성가대에도 단골이었으나 불교 집안으로 시집가면서 발길을 끊었다. 그래도 세월은 무심하지 않아 귓등으로 흘려듣던 부모님의 걱정이 거름이 되어 제 발로 성당을 찾아갔다. 그 후 마음 집에 갇혀 살던 열망 하나를 세상 밖으로 선보이게 되었다.

노산에 난산이다. 소리는 질투심 많고 까탈스러운 신생아와 같다. 잠시라도 한눈을 팔면 토라진다. 만나기 전부터 마음은 물론 몸도 긴장을 유지해야 한다. 준비 없이 헐레벌떡 만나러 간 날엔 그의 반응이 싸늘하다. “혼자 불러보세요.”라는 지휘자의 말에 소리는 기어들고, 첫 음이 제 위치를 찾지 못한다. 얼굴이 화끈거리고 가슴이 두방망이질을 한다. 긴장하면 가사와 박자를 놓치고, 호흡을 싣지 못한 메마른 음조는 노래의 맛을 살리지 못한다. 프로가 언제 어디서나 제 역량을 발휘하는 사람이라면 아마추어는 분위기에 흔들리는 사람이다.

그래도 그렇지. 예전엔 제일 잘하던 일이었다. '동백아가씨'하고 목청을 돋우면 동네 아줌마들이 걸음을 멈추었다. 대문 없이 살던 시절이라 무시로 드나들던 아줌마들은 숨죽인 채 그녀의 노래에 귀 기울였다. 어린 그녀는 모르는 척 능청스럽게 더 높고 구성진 가락으로 끝까지 불러냈다. 어른들은 아낌없이 박수를 보냈다. 학창 시절에는 공부에 지친 급우들을 위해 '동심초' 한 곡쯤은 곧잘 뽑아내주었다. 노래는 말수 적은 그녀에게 제 마음을 표현하는 통로가 되었고, 놀이가 되었다. 힘들이지 않고도 쉽게 인정받을 수 있는 재능이었다.

어릴 땐 누구에게나 자기표현의 재능이 있다. 노래로, 춤으로, 그림으로, 달리기로도, 글로써 서슴없이 자신을 표현할 수 있었다. 뭐든 하면 그저 즐겁고 살맛날 뿐 아니라 칭찬도 받는다. '그 재능을 다들 어디쯤에서 잃어버렸을까?' 남들과 비교하는 세상 어디쯤에서 마음속 창고에 깊이 묻어 버린 게다. 같은 모양의 행복을 찾고, 같은 색깔의 가치를 좇고, 같은 질감의 생각을 주입하며 '타자의 욕망을 욕망하며' 사는 동안 우리 모두는 자신의 진짜 열망을 잊었다. 자신의 생각대로 사는 게 아니라 사는 대로 생각한다.

자동차의 핸들은 시선이 가는 방향으로 돌아간다. 마음 집에 꿈틀거리던 열망들을 떠올리면 길이 보일까. 젊은 날과 같은 큰 열망은 아니나 인생 후반부이니 그저 좋아하는 일 하나 하며 살고 싶을 뿐이다. 그것이 살아있음일 테니까. 노래를 하는 동안 단원들의 얼굴빛이 환하다. 동네 피아노 학원에 앉아 건반 위를 오가는 중년 남자의 손도 스텝을 밟는 듯이 기쁨에 겨워 떠는 걸 본다. 민화를 시작했다는 친구는 색감이 주는 행복에 대해 자주 말한다. 자신이 원하는 일을 하는 순간에 사람들은 누구나 더 아름다워진다. 열망을 좇는 건 사막 같은 일상에서 오아시스를 찾는 일일 터.

이제는 에두르지 않아야 하리. 심호흡하며 눈과 귀와 코와 입을 활짝 열고 숨은 열망들이 밖으로 나오는 길을 닦아야 하리. 그것들이 환하게 미소 지으며 그녀에게로 다시 올 길을.

1979년 가을

하늘에 구름 몇 점 떠 있다. 내가 가면 구름이 머물고, 내가 머물면 구름이 간다. 고요히 앉았노라니 지난 일이 구름 같다. 모였다 흩어지며 구름 모양이 바뀌듯 지난 일 또한 의미가 분명해지거나 확장되며 새록새록 떠오르기도 한다.

구름 조각 되어 사라진 줄 알았던 그 일들이 제 삶을 풍성하게 만들고, 가을을 향하여 뿌린 씨앗이 되었음을 훗날에 깨닫기도 한다.

1979년 가을 우리는 대학 졸업반이었다. 10월 26일 불사신 같던 지도자가 암살당하고, 무소불위의 권력이 맥없이 부서졌다. 귀동냥으로만 듣던 비밀스런 일들이 실제 눈앞에서 벌어졌다. 기대감과 불안감이 교차했다. 무엇인가 해야 한다는 의무감이 들었지만 거대하고 단단한 세상을 마주하기엔 우리는 우유부단했다. 허영기도 있었다.

'무엇을 할 수 있을까?' 마지막 학기에 접어들자 군인들에게 학생증 검사를 받아야 교문을 통과할 수 있었다. 하릴없이 도서관과 다방만 들락거렸다. 광복동 입구에 있는 클래식음악 다방인 '백조다방'은 우리도 단골이었다. 빵모자 쓴 멋쟁이 아저씨들을 시인이라 했고 음악가라고 했다. 클래식은 몰랐지만 고급스런 분위기가 좋았다. 뭉그적거리고 앉아 책이야기를 하랴 바깥 눈치를 살피랴 몸이 근질거렸다. 뭔가는 해야 하는데 아무 것도 할 게 없었다. 긴장이 지속되니 권태가 왔다.

누군가 여행을 가자고 했으나 다른 데서 먼저 일이 터졌다. 도서관에서 누군가 선동했다. 학생들이 나서서 세상을 바꾸자고 했다. 가방을 싸서 황급히 나가는 이들에 묻혀 광복동행 버스에 올랐다. 부마항쟁의 시작이었다. 시민들과 학생들이 합세하여 시위대 규모가 커졌다. 경찰에 쫓기면 가게로 뛰어 들고, 뒷골목으로 빠지고 나오고를 반복했다. 밤이 들면서 최루탄이 터지고 불꽃이 휙휙 지나갔다. 다음날에도 그 다음날에도 나가 봤지만 시위가 더욱 무섭고 격렬해졌다.

중학교 때 단짝인 친구가 있었다. 그 애는 체육 시간에도 시집을 들고 다니며 늘 나를 일깨웠다. 일 년쯤 전 학교 앞에서 우연히 봤는데 대학 진학을 안 하고 식당을 차렸다 한다. 나라를 사랑하는 친구들끼리 공부하는 모임이 있으니 함께 하자고 권유했다. 귀가 솔깃했지만 곧 열릴 나의 미래를 저당 잡힐 용기가 없었다. 당시 분위기로 보아 관심조차 보이지 않으면 모자란 인간 취급을 받을 것 같았다. 그 애가 열변하는 '시대의 논리'를 귀동냥하며 그 주변에서 서성거렸다.

학교 문보다 그 밥집 문이 먼저 닫혔다. 집이 수색당하고 친구는 잡혀가서 고초를 당했다. 나중에 자신이 당한 일을 전해 주었는데 그 작은 체구에서 나오는 말들이 훈장처럼 빛났다. 그 훈장 앞에서 나는 한없이 작아졌다. 잡지도 놓지도 못하고 주변을 맴도는 내 꼴이 남루했다.

그래서일까. 그날 우리는 광복로를 열심히 뛰었다. 겁쟁이이고 우유부단한 아이들이 시위대에 무작정 뛰어들었다. 그 애의 단단하던 눈빛이 떠올랐다. 뛰고 구호를 외치면 친구 앞에서 구겨졌던 자존심이 세워지고 역사의 현장에 참여한다는 우쭐함이 조금이라도 채워지리라는 듯이.

다시 권태가 밀려왔다. 비상계엄령이 선포되었지만 우리 일상은 평범했다. 누구는 연애에 빠지고, 어떤 애는 시위대에서 뛴 일을 영웅담으로 우려먹었다. 우리는 여전히 음악다방을 오가며 시간을 죽였다. 그러다 여행을 갔다.

지리산, 남쪽 최고의 산이라니 마음이 동했다. 제대로 된 정보 하나 없어도 '최고'라는 말에 다시 욕구가 들끓었다. 굽 높은 운동화와 스타킹으로 한껏 멋을 내고, 기타를 맨 채 물어물어 갔다. 백무동계곡을 타고 천왕봉까지 올랐다. 장터목산장에서 등산을 마쳐야 했으나 세석산장까지 가고 싶었다. 달빛을 받으며 능선을 넘어보자는 말에 마음이 혹했다. '달의 숨소리를 들을 수 있을까!' 산이 금방 어두워졌지만 달은 나오지 않았다. 어두워지는 길을 걷고 또 걸었다. 내리막길에 접어들 때마다 두려움이 웅크리고 앉아 우리를 삼켜버릴 듯 했다. 호기롭게 직진하던 젊음은 맥없이 무너지고 그냥 아무데서나 눕고 싶었다. 그때 기적처럼 눈앞에 불빛이 반짝였다. 고함소리를 듣고 산장지기가 보내주는 수신호, 산 속의 등대였다.

그날 이후 지리산이 마음 깊숙이 들어왔다. 발톱이 다 빠질 정도로 힘든 산행이었으나 마음은 가벼웠다. 바람이랄까 신령스러운 기운이랄까. 가슴 속 가득 뭔가가 차올랐다. 실실 웃음이 나고 밥이 넘어가지 않았다. 천야만야한 산. 무모한 젊음을 그대로 안아준 천왕봉 운무와 고사목 군락, 식량으로 지녔던 채소를 하나씩 던지고 온 계곡과 멀고도 구불구불한 밤길…. 내 삶의 천왕봉으로 오르기 위한 또 하나의 통천문通天門이었다.

오랫동안 지리산을 껴안고 뒹굴었다. 내 안의 산을 넘고 또 넘으며 더디 오는 가을을 맞고 있었다. 우유부단함과 직진하는 에너지도, 두려움과 그것을 떨쳐내는 힘도 제 안에 공존함을 직면한 터였다. 다만 자각하지 못할 뿐. 그것들에 자아는 스스로 발효하고 세포분열하며 성장한다. 훗날 어떤 일 앞에서 미적거릴 때마다 그때의 모습이 보였다. 어정쩡한 채 한 박자 늦으면 결국 체증처럼 걸려있던 남루함과 맞닥뜨린다.

'길은 어디로든 우리를 이끌어 줄 터인데 왜 선뜻 나서지 못했을까?' 준비 없어도 실수해서는 안 되며 최고가 되고 싶다는 자만심이 발목을 잡았는지 모르겠다. 깨어지고, 찢어지고, 덧나면서 더 깊이 아무는 일. 그게 젊음만의 특권인 걸. 앞뒤 재지 않고 저지른 직진으로 그해 가을이 어설피 여물어 갔다.

권태로운 일상에 염증을 느껴 저지른 일회성 사건은 대부분 젊은 날의 치기에 그친다. 하지만 79년 10월 그날의 직진은 단순한 치기가 아니었다. 열정은 있으나 쉽사리 동화되지 못하고 우쭐거리고 싶으나 앞으로 나가지 못하던 우유부단한 젊음, 어쩌면 단순한 이야깃거리로 끝날 수 있는 일이나 어려운 상황을 헤쳐 나오는 동안 우리는 조금씩 단단해졌다.

이듬해 3월이 되자 우리는 새내기 국어교사가 되었다. 스물 넷. 거대하고 단단한 세상 학교의 교문으로 첫발을 내디뎠다.

치킨 런(CHICKEN RUN)

닭 울음소리가 아침을 흔든다. 도심의 어느 집 마당귀에서 닭 한 마리가 아침마다 목청을 고르더니, 드디어 소리가 트였나 보다. 정유년 아침, 닭이 제 세상을 만났다. 게다가 붉은 기운까지 뻗쳤으니, 닭의 일생에서 가장 상서롭고 눈부신 한 해가 될 듯하다.

정유년을 맞는다. 새해가 되면 사람들은 자기 앞에 좋은 일이 펼쳐지기를 기대하며 새 계획을 세운다. 나에겐 두 번째 맞는 정유년이다. 육십갑자를 돌아왔으니 눈앞의 안개가 조금 엷어졌겠지. 이제는 나이답게 번듯한 계획을 세워 볼까하며 이것저것 들춰본다. 그러다 지키지 못할 약속으로 빚진 듯이 마음 옭죄며 사느니, 하던 일이나 잘하자며 욕심을 내려둔다. 그러는 동안 연녹색 새 잎이 빈 가지를 채워가는 4월이 되었다.

닭은 닭이다. 주는 모이 쪼아 먹었으니, 밥값은 하자며 새벽부터 수시로 목청 돋우어 시간을 알린다. 누가 듣는다고 소리 높이고, 듣지 않는다고 꾀부리지 않는다. 한결같은 박자와 강약을 지키는 그 소리가 있는 듯 없는 듯해도 사람들에게 위안을 준다. 그뿐이랴. 소리가 다하기도 전에 식탁 위로 기꺼이 제 몸을 던진다. '꿩 대신 닭!'이라는 말은 최선은 못되어도 차선책은 될 수 있다는 뜻이다. 군계일학群鷄一鶴이라 뭇 닭이 학 한 마리를 넘지 못한다고 하나, 모여서 목청을 돋우면 세상을 바꾼다.

닭은 늘 바쁘다. 날개와 두 다리가 있어 날 수도 있고 달릴 수도 있다. '닭 쫓던 개 지붕 쳐다본다'고 하니, 닭이 생명의 위협을 받으면 지붕 위에까지 날아간다. 종일을 종종거리며 얼마든지 울타리 안을 돌 수 있다. 날고 달리는 능력이 재능인가, 멍에인가. 지붕에서 날짐승을 올려다보면 제 날개가 초라해 보이고, 달리는 길짐승을 좇아가노라면 가랑이가 찢어질 것 같다. 안간힘을 다해 달리기도 해야 하고, 날기도 배워야 하니 평생이 고달프다.

닭이 날 때가 있다. 만화 영화 "치킨 런(CHICKEN RUN)"은 양계장에 갇혀 사는 닭에 대한 이야기이다. 주는 모이나 먹으며 무심하게 지내던 주인공 닭은 자기도 치킨 집에 팔려나갈 신세라는 걸 알게 된다. 동료들을 설득하여 날기 위한 맹훈련에 들어간다. 더 높이 더 멀리 날 수 있게 된 닭들은 마침내 파라다이스 섬에 도달한다. 죽을 힘을 다하면 닭도 하늘 높이 날 수 있다.

"새로워지자." 자신이 만든 철조망과 고정 관념에서 벗어나라고 '치킨 런'의 닭들이 외친다. 이것이 기회인가 하고 잡아보면 저것일 것 같고, 그러다 이것마저 놓아버리면 순식간에 사라져버린다. 그나마 철조망 치고 고정 관념 끼고 살았기에 지금까지 잘 지내왔다고 믿었다. 그러나 그것은 울타리인 동시에 뚜껑이었다. 주인이 원하는 튼실한 닭이 되기 위해 종종거리면서, 때때로 울타리 너머를 곁눈질하며 마른침을 삼켰다. 그냥 종종거리는 일이 갑갑했지만, 아무리 해도 그 뚜껑을 벗겨낼 수 없었다.

싸락눈이 내린다. 하늘에서 떨어지는 쌀알인 줄 알고 땅을 찍었더니 금방 녹는다. 정월 다 지나고 이월하고도 마지막 날에 웬 눈인가. 싸락눈은 한겨울에 펑펑 쏟아지던 함박눈이 부러워 가슴 앓다가, 겨울 끝자락에서라도 눈이 되고 싶었을까. 금방 해가 날 것 같아 걱정되는지 닭은 눈만 껌벅거린다. 그래 함박눈만 눈이랴. 무리지어 내리꽂힐 줄만 아는 함박눈이 어찌 인생을 알거냐고 혼자서 주절대다가, 닭은 싸락눈을 좇아간다. 바람 따라 이리저리 흩날리는 자유시 같은 싸락눈, 날아라. 햇살 한 줄기에 흔적 없이 사라질지언정 멀리멀리, 오래오래 떠다니라며 한참을 바라본다.

'서당 개 3년이면 풍월을 읊는다.' 내가 교단에서 사춘기 아이들과 어울려 산 세월이 34년이니, 풍월을 읊어도 열 번을 더 읊었을 긴 시간이다. 내 손에 국어책 6권이 남았다. 시와 소설이 무엇인지 잊어도 좋으니 그 속의 삶을 느껴보자고 했다. 이별의 시를 읽으며 창밖에서 벚꽃이 눈처럼 날리는 모양을 지켜보았다. 그 봄날이 풍경으로 남게 되기를 기대하면서, 나도 미련하게 눌러두었던 제 꿈 하나를 들여다보게 되었다.

늦은 나이에 수필에 입문했다. 이제 국어책 대신 A4용지를 대한다. 갈수록 깜깜하고, 앞으로 나아갈 기미가 없어 내겐 A4용지 두 바닥이 대천바다 한 가운데이다. 용케 찾은 구명정으로 젖 먹던 힘까지 내어 헤엄쳐가나, '치킨 런'의 파라다이스는 어디에 있는지, 있기는 한 건지, 영 불안하다. 그래도 차갑던 바닷물이 조금씩 따뜻해오는 걸 보니, 물속에서 얼어 죽지는 않을 것 같다. 이 물속에서라면 정수리를 막고 있던 뚜껑을 벗겨낼 수 있을 것 같다. 초라한 내면을 들춰내어서 앞으로 나가기를 주저하게 하던 두려움과 맞서면, 원하는 삶을 만들 수 있으리라 기대한다. 그냥 헤엄쳐보자. 그 다음은 물결이 나를 섬으로 밀어주리라.

들여다보자. 영화 '시'(이 창동 감독)에서 주인공 미자는 육십 중반에 들어 시에 관심을 가진다. 시를 쓰기 위해 노력하는 동안 강물 소리에 귀 기울이게 되고, 말없이 죽어간 소녀의 고통을 느끼기 시작한다. 그녀는 소녀의 죽음에 가해자도 피해자도 아니지만, 무심한 방관

자였다는 뼈아픈 진실을 깨닫는다. 그녀의 눈이 밝아졌다. 이웃의 삶을 알게 되면서 그녀는 더 고통을 느끼지만, 눈을 뜨게 해 준 시에 감사하며 꽃다발을 바친다. 대천바다 한 가운데를 떠돌던 시간이 헛되지 않았나 보다. 생애 처음이자 마지막인 시 한 편을 남기게 한다.

눈앞에 삶은 이전의 삶이 아니다. 매화가 지고, 그 무렵부터 가지 위에서 돋기 시작하는 어린잎을 처음 보았다. 연둣빛 작은 생명체가 두꺼운 껍질을 뚫고 나와 꼬물거리고 바람에 하늘거릴 때, 새 세상을 보는 듯 황홀해했다. 해마다 수도 없이 보았을 그 잎을 이제 꽃보다 먼저 보게 된다. 푸른 벚꽃葉桜-꽃이 지고 어린잎이 난 푸른 벚나무. 잎사귀도 꽃처럼 아름답다. 나도 그녀처럼 밝은 세상을 안겨 준 수필에 감사한다. 오래오래 상서로운 기운이 뻗칠 것 같다.

붉은 닭아, 잘 해보자.

런,

RUN,

치킨 런.

학교 가는 길

부산항 대교를 오른다. 구불구불한 진입로를 올라서는 순간 시야가 확 트이며 북항이 펼쳐진다. 바다는 햇살이 펼쳐 놓은 쪽빛으로 반짝이고, 하늘은 바람이 부려 놓은 구름으로 찬란하다. 작업이 한창인 항구의 크레인도 바다를 에두른 산도 한껏 키가 낮아진 계절. 하늘을 향해 모두가 몸을 낮추는 계절이다. 하늘에서 가을 냄새가 난다.

시트를 한껏 뒤로 젖힌 채 부드러운 바람을 맞는다. 아찔한 높이의 대교를 오르느라 차들이 주춤거린다. 눈앞에 하늘을 담고 꼬불꼬불한 길을 앞만 보고 달리는 기분이 경쾌하다. 괴발개발 쓴 원고일망정 합평할 글 하나라도 제출한 날은 더할 나위 없이 즐겁다.

자주 꿈에 시달렸다. 배경은 늘 학교이다. 아무리 달려도 지각하거나, 교복을 안 입었거나 내 앞의 시험지만 문제가 안 보여 끝내 답을 완성하지 못하는 내용이다. 학생으로 16년, 직장인으로 34년, 평생교육원에서 7년째. 어느덧 57년이다. 교문 앞에만 서도 공기 맛이 달라지는 내 평생 공간이 이어지지만 무의식에서는 여전히 모자란 학생으로만 머물러 있다. 그런 꿈을 강박 관념이라고 했다.

꿈에서 깨면 가슴을 쓸어내리며 나를 되돌아본다. '어떤 과제를 풀지 못했을까?', '의식에로 보내오는 무의식의 이 끊임없는 강력한 신호는 무얼까?' 칼 융에 따르면 '꿈은 영혼이 들려주는 안내의 말'이다. 꿈은 삶으로 살지 못한 것을 성취시켜 달라고 요구한다. 지금 살지 않으면 내 꿈은 평생 나를 종처럼 끌고 다닐 터이다.

게으를 겨를 없이 바쁘게 살아왔다. 지난 날 가장 부러워했던 일들을 들어보면 지극히 사소한 것들이다. 감기몸살기가 있을 때 녹진하게 자리보전하고 마음껏 아파보는 일, 화장기 없는 얼굴로 이웃지기를 찾아가 차 한 잔으로 하루를 시작한다던 친구의 말, 백화점 문 열자마자 첫 손님이 되어 느긋하게 쇼핑을 즐기는 일 등. 시간을 재며 뛰듯이 살아야 했던 지난날에 기껏 그 정도의 평범한 일상을 부러워했다.

그때는 몰랐다. 시험지에 적지 못한 답이 바로 나 자신임을. 문제는 '넌 누구냐'라는 것. 삶속에서 제대로 살피지 못한 게 자신이었다.

무언가를 좇아 이루어간다고 믿을 때마다 한편으론 늘 이게 다가 아니라는 생각이 고개를 쳐들었다. 여차하면 튀어나가려는 듯 선 밖에 한 발을 빼두고 살면서도 좋음과 싫음의 기준조차 자신이 아닌 세상의 틀에서 찾으려 했다. 유리 벽 속에 갇힌 듯 답답한 삶. 그게 전부였다. 억눌린 자신을 돌보라는 끝없는 신호를 살피지 못했다.

글쓰기는 나를 나로서 살게 한다. 깊은 성찰 없이 지나쳐버린 날들을 되돌아보게 하며, 살아가야 할 길을 모색하여 세상일에 휘둘리지 않게 해주는 작업이다. 생각을 펼쳐내고 문장을 가다듬는 사이사이에 살아있음을 느낀다. 대상의 본성에 한 발짝 더 다가서려는 몸짓을 한다. 그럴 때 주변의 모든 것들이 내게 신호를 보내온다. 그들의 말에 귀기울이려 애쓰게 된다. 내가 나로 설 때 다른 이의 삶을 진정으로 사랑하고 세상을 껴안을 수 있음을 몸으로 배운다. 수필에 입문한 후 이제 더이상 꿈에 시달리지 않는다.

1차 완성한 원고를 앞에 두고 교정을 할 때 더할 나위 없이 행복하다. 수업 시간에 합평 받은 글을 펼쳐 두고 내가 가야할 곳까지 도달하려 애쓴다. 아직 가보지 못한 지점, 생각이 멈춘 지점에서 한 발 앞으로 나서야 한다. "맞아, 맞아. 글이 그렇게 가야지. 그런데 내 시선은 왜 거기까지 닿지 못했을까? 내 삶은 기껏 이런 수준에 머물러 있었을까?" 자신이 한없이 작고 초라해진다. 그래도 글이 물꼬를 제대로 틀었으니 답답하던 가슴이 좀 환해진다.

그 순간이 한밤중이거나 새벽이어도 괜찮다. 몇 문단을 다 지우고 겨우 한 줄로 남겨 두어도 좋다. 결미가 완전히 달라질 수도 있다. 줄탁동시가 일어날 때 막다른 골목이라 여겼던 것에 생각지 못했던 출구가 보인다. 밖에서 쳐 주지 않았다면 껍질 속에서 흔적 없이 죽어갔을 생각들. 그 생각들이 제 자리를 찾아 숨을 쉰다. 내 집, 내 동네, 영도구, 부산시…. 이들을 뛰어넘어 나는 현재를 산다. 삶의 지평이 확장되는 순간, 그때마다 조그만 원고지가 확 넓어진다. 내가, 세상이 그곳에서 꿈틀거리며 일어선다.

불행히도 그런 황홀경은 참참이 찾아온다. 길을 찾지 못한 미완의 원고가 오래 밀쳐져 있다. 여태껏 쓴 글이 아직 책 한 권 만들 분량에도 미치지 못한다. 언제부턴가 내 달력에는 글을 쓴 날의 표가 찍힌다. 텅 빈 달력을 한 장 한 장 넘기다 보면 우울증에 빠질 지경이다. 생각이 꽉 막히고, 가슴이 뛰지 않고, 일상이 시들해진다. 하루하루를 탈출하기 위해 뭔가 색다른 일을 벌여야 할 것 같다. 여기저기에 전화를 해대고, 집안 가구를 재배치하고, 시장에 가서 뭐라도 사들고 온다. 발버둥을 쳐봐도 먹잇감을 찍는 짐승의 촉수가 발동하지 않는다. 꿈속에서처럼 문제도 답도 보지 못한 채 허우적거린다. 이게 내 무의식의 현장이다. 그런 상태에 머물러 있다.

'삶이란 가보지 않은 길을 따라 한 발 한 발 내디뎌 보는 일'이리라. 늘 다니던 길에서 한 발만 벗어나도 풍경이 달라질 터. 그 길은 낯선 길이 아니라 새로운 길이다. 색다른 풍경을 보며 모험 아닌 모험을 해 볼 일이다. 그 길이 좁은 진창길이 되어 내 손발을 더럽힐지라도 가슴을 뛰게 하는 길임에 틀림없다. 내 글쓰기의 길도 그러해야 하리.

시간의 색을 다르게 하는 마법, '내 안의 신을 찾아가는 영혼의 연금술.' 그곳을 찾아가는 길이라면 기꺼이 몸을 낮추리라. 가을하늘에 경배하며 몸을 낮추는 저 위의 높은 교각처럼, 저 아래 깊은 바다처럼, 내 앞의 넓은 세상처럼. 오늘도 그 길을 찾아 부지런히 부산항대교를 건넌다.

봄, 그 뒤의 봄

한바탕 꽃 잔치가 지났다. 먼 들녘에서 마지막 매화가 졌다는 소식이 들렸다. 개나리가 피는가 싶더니 지고, 진달래도 눈 맞출 겨를 없이 져버렸다. 벚꽃도 바람 따라 가고, 덩달아 피어난 목련도 가지 위에서 시들어갔다. 언제 꽃 잔치가 있었냐는 듯 풍경은 초록의 일상으로 되돌아왔다.

봄 같지 않은 봄이다. 시린 바람을 뚫고 나온 꽃들이 온몸으로 손짓해도 왠지 마음이 시큰둥하다. 꽃이 다 질 때까지 꽃을 보러 나서지 못했다. 돌아가신 아버지 얼굴만 떠올랐다. 병상에 누워 계시기만 해도 우리들의 바람막이였던가 보다. 아버지가 가신 후 지난 몇 달 간 내 병원 출입이 잦아졌다. 동생들도 비슷한 병증을 호소해 왔다. 명랑하게 웃고 다녔지만 우울증이 우리를 무력하게 만든다. 꽃은 가지 끝에서, 언덕바지에서, 산등성이에서 함께 기운을 피우자고 하지만, 겨울 외투의 따스한 온기에 감싸여 아프다며 오래오래 엄살을 피우고 싶다. 그들과 잠깐의 눈 맞춤조차도 편치 않다. 꽃이 지천에서 피어올라도 봄이 아니다.

남보다 한 발 앞서 이른봄을 만드는 꽃만 봄을 채우는가. 한 발 늦게 나와 시선을 받지 못해도 봄을 봄답게 풍성하게 채워가는 잎도 있다. 늦었지만 가까운 태종대라도 다녀와야겠다. 찬바람이 사납게 달려들어 옷자락을 여미게 한다. 길가 은행나무 가지마다 팥알 만한 잎들이 조랑조랑 매달려 있다. 날 때부터 온전한 제 모양이 갓난아기 같다. 목련꽃 몇 송이가 꺼멓게 말라붙었다. 그 곁에는 연록과 진초록의 작은 잎들이 밀려가는 파도를 배경으로 바람에 하늘거린다. 지나가던 이가 꽃이 져 버린 풍경이 썰렁하다며 아쉬워하지만 그렇지만은 않다. 꽃 잔치가 끝난 가지 위에서 잎이 봄을 만들어간다. 제2 군들의 조용한 잔치 풍경을 지켜보면서 마음이 풀렸다.

4월 중순 이제 봄을 즐겨도 될 것 같다. 섬진강물을 따라 쌍계사까지 가는 동안 꽃은 보이지 않는다. 덩치 굵은 고목에 자잘한 여린 잎들이 매달려 바람에 춤추고 있다. 눈길을 받지 못하는 꽃도 있다. 바람이 불 때마다 붉은 것이 날리어 길 한쪽에 쌓인다. 개울가 다리 아래로도 하염없이 떨어지는 게 낯설어 다가가 보니 애벌레처럼 징그

럽다. 상수리나무 꽃이라고 한다. '예쁘지도 않으니 제대로 꽃 대접을 받을까?'

이른 아침 우산을 받쳐 들고 나서는데 화단 쪽이 시끌시끌하다. 갑자기 왁자한 시장 통에 들어선 듯, 여기저기서 나를 불러 세운다. 소리 나는 곳은 바로 곁에 선 사철나무이다. 자잘한 뿔이 수없이 솟아 나와 그 끝마다 동글동글한 구슬을 달고 있다. '간밤에 웃자란 새 잎일까?' 20여 년을 가까이 지나다녀도 보지 못하던 풍경이다. 사철나무는 늘 짙고 단단한 잎으로만 사는 줄 알았다. 사진에 보니 하얗고 작은 꽃이 달렸다. 몇 날 며칠을 지켜보아도 동글동글한 구슬에서 꽃이 쉬 나오지 않았다. 바쁘고 무심한 눈에는 보이지 않는 세상이 지척에 널려 있다.

올봄에는 밤비가 잦다. 빗소리에 뒤척이다가 거실 창유리 앞으로 잠자리를 옮겼다. 잠 안 오는 밤에는 하늘을 볼 수 있는 넓은 창이 좋다. 사락사락 똑똑 빗소리가 정겹다. 빗소리에 밤은 더 고요해지고, 검푸른 하늘은 더 넓어진다. 토닥토닥 떨어지는 비가 엄마의 손길이 되어 이런저런 상념들을 잠재운다. 자다 깨다 하다 보면 운 좋은 새벽녘엔 기우는 하현달을 볼 수 있다. 하현달은 모두가 잠든 뒤에 홀로 빛난다.

그리스 로마 신화를 듣는 목요일 강의실은 어스름 저녁이나 여름 한낮 같은 열기로 가득하다. 젊은 교수의 강의를 듣는 학생들은 머리가 희끗하고 어깨가 굽었다. 고단한 어깨를 어딘가에 기대어야 할 이 저녁에 무엇이 이곳으로 이끌었을까. 트로이 전장의 영웅 아킬레우스를 따라, 고향 이케타로 가는 오디세우스의 모험담을 따라 가노라면 다시 가슴이 뜨거워지리라고 기대할까. 'Homo Hundred(2016년 UN보고서)'시대를 항해하는 인생의 노수부들, 저들도 마지막 봄빛을 잡고 싶다. 못다 피운 꽃 한 송이를 저녁 어스름 빛에라도 힘껏 피워 내겠다고 그들의 단정한 어깨가 말한다.

제가 피고 싶을 때 그 때가 봄이다. 봄꽃만 꽃인가. 여름 햇살을 받아 더 화사한 꽃도 가을바람에 날리는 꽃도 있다. 다 제 필 때가 있는 법이다. 몇 박자 늦은들 어떠랴, 몇 걸음 지체한들 어떠랴, 관객이 몇 없는 무대일망정 열연하다 보면 더 깊이 있는 연기를 할 수 있는 법. 이런 땐 이청준 선생의 글이 위로가 된다. 눈이 왔다고 새벽길을 달려 친구에게 갔는데 아무리 불러도 기척이 없었다. 돌아서려는데 나타난 친구는 새벽길을 달려온 친구가 깨끗한 첫눈을 먼저 밟게 하려고 돌아 나왔다 한다. 아무리 노력해도 2등밖에 못했지만 오히려 자신이 원하는 대로 살 수 있어 편하더라는 학창 시절의 일화는, 이른 봄을 성급하게 기대하던 젊은 우리에게 인생의 깊이를 열어 주었다.

수필 강의를 듣기 위해 매주 들르는 대학 교정에 다시 봄빛이 한창이다. 꽃 지고 난 자리에 핀 나뭇잎이 색색으로 다르다. 늘 푸른 잎, 먼저 나온 짙은 잎, 이제 막 나온 연한 잎, 가만히 보노라니 잎들이 바람에 흔들릴 때마다 초록의 향연을 펼친다. 어린잎들의 자태에 더 눈길이 간다. 그 곁에 아직 잎 없이 가지만 뻗은 나무가 있다. 연한 잎이 짙어질 때쯤 빈 가지에서 또 다른 연한 잎이 돋아나겠지. 서로 때를 달리하여 나오는 잎이 있어 봄이 가도 연이어 또 봄이다. 젊은 눈에는 초록 하나로만 보였으리라.

봄 그 뒤에 다시 오는 봄이 있어 때늦은 즐거움을 맛본다. 한 박자 늦었다고 봄이 아니랴. 많은 이들이 열광하고 떠난 빈 무대 위에서 제2 군들이 열연하는 늦봄이다.

제3부
필사본 한 권

필사본 한 권

아버지의 유품 속에서 낡은 보퉁이를 발견했다. 책장 속에 깊숙이 들어 있어 눈에 띄지 않다가 책을 정리하던 날 내 손에 들어왔다. 보퉁이 속에는 부모님의 한평생 삶을 담은 서류들이 차곡차곡 쌓여 있었다. 그 중에 혼자 읽고 덮어둘 수 없는 서류가 있었다. 만주국 봉천성에 살던 한 집안의 등본이 첨부된 「중국 36년 회고록」이라는 15쪽짜리 필사본 한 권이다.

필사본은 당숙 석기 아재가 우리 집안 이야기를 쓴 가문사이다. 일제 강점기 우리 할아버지들의 행적을 한자와 옛 한글을 섞어 또박또박 필사했다. 한 장 또 한 장 넘길 때마다 강물 소리가 들렸다. 들릴 듯 말 듯 미세하던 물소리가 책을 덮을 즈음엔 넓은 강물이 되었다. 역사의 고비마다 선조들은 한 번 뿐인 삶을 역사의 강에 던졌다. 우리 할아버지들도 만주 땅에서 목숨을 바쳐 강줄기를 만들었다. 이는 한 가문의 이야기이면서 동시에 우리 역사의 한 부분이다. 이름조차 남기지 못하고 강물을 만든 조상들을 기억하여 우리 함께 새로운 강을 만들어내자는 부탁의 뜻이 담겨 있다.

우리 할아버지는 무명의 독립운동가였다. 경북 지방에 번진 북간도 바람을 타고 청도에 살던 5형제 중 3형제가 만주로 갔다. 조선조 말 과거 초시에 합격한 할아버지는 길림성 유하에 터를 잡고 한의술을 펼쳤다. 청년들을 교육하여 동네에서는 '선생'으로 불렸다. 그 동생도 남가성에서 '태화창'이라는 한의원을 열었다. 번 돈을 하얼빈 본부에 전달하는 역할은 괄괄한 성품을 지닌 바로 위의 형이 맡았다. 대부분의 젊은이들이 마약과 노름으로 망국의 설움을 달래던 시절에 할아버지들이 하신 일이다.

1928년 8월 세 형제가 회포를 풀던 날 밤에 무장한 이들이 습격을 했다. 우리 할아버지와 큰할아버지가 총탄에 숨졌다. 마을의 중국인들이 대응 사격을 하여 다른 가족은 무사했으나 집이 불탔다. 장례식은 관원들과 주민들이 사열한 가운데 성대히 치렀다고 한다. 총잡이들을 비적이라고도 공산당원이라고도 했지만 분명하지 않다.

죽음이 애석하다고 하나 조선인 3형제의 무엇이 거슬렸을까. '국·공 대립 갈등 시대의 희생양이 된 걸까. 단순히 운이 나빴던 걸까.'그날 밤 3형제의 목숨을 노린 습격이 있으니 미리 피신하라고 한 이도 있었다. 그 귀띔을 흘려듣지만 않았더라도 그날의 비극은 일어나지 않았을지 모른다. '그랬더라면 독립운동에 보탬이 되고 우리 후손들의 삶도 달라지지 않았을까.'

석기 아재가 들려준 이야기는 가문 서사를 연상시켜 준다. 개 짖는 소리가 행여 중국인 틈에서 눈엣가시라도 될까 봐 조심조심 살다 해방을 맞았고 모두 고향으로 돌아왔다. 피폐한 고향 청도에서 식량을 얻지 못하자 타향으로 떠나거나 더러는 만주로 되돌아갔다. 두고 온 집과 추수를 앞둔 누런 들판이 눈에 밟혀 돌아가 그대로 조선족이 되었다. 당숙 용기 아재가 그랬다. 살 방도를 마련한 가장이 돌아오기를 기다리던 가족들도 조선족이 되었다. 석기 아재가 데려 오지 못한 가족이 그랬다. 50년의 세월이 흐르고 죽의 장막이 무너진 후에야 가족을 만나고 묘지도 보수했다. 후에 석기 아재가 두고 온 아들이 우리 집에 거처를 정하고 돈을 벌어 돌아갔지만 아비에게 품은 응어리를 끝내 풀지 못했다.

뿌리를 되짚는 일은 과거에 머무르고자 함이 아니다. 자신을 더 깊이 들여다보고 힘들었던 과거조차 껴안기 위함이다. 자신의 근원을 명예롭게 받아들일 때 과거가 우리의 삶을 단단하게 받쳐주는 발판이 될 수 있다. 뿌리로 돌아가지만 또한 그 뿌리에 매여서도 안 된다. 뿌리가 있어야 가지와 잎과 꽃이 있고 하늘을 향해 무한히 뻗어

갈 수 있다.

그러므로 과거로 들어간다. 목숨을 바쳤으나 불발로 그친 독립운동은 후손들에게 가난한 삶을 물려주었다. 가난은 꿈을 키울 교육의 기회를 막고 육신에 질병도 남기는 모진 일이다. 아버지는 노년기 골다공증이 깊어져 휘어진 다리로 절뚝이며 걸었다. 아버지의 뒷모습은 아버지 세대의 굴곡진 삶을 그대로 보여주었다. 베이비부머 세대인 우리도 자신의 흉터는 꽁꽁 싸매야 했다. 출생 직후 구호병원의 영국군 야전 침대가 내게 생명을 돌려주었지만 깊고 큰 흉터를 어깻죽지의 일부로 남겼다. 어른이 된 후에는 그것들이 별 것 아니게 되었으나 성장기의 행동에 알게 모르게 영향을 주었다. 형제자매들도 크게 다르지 않아 가난에서 벗어나기 위해 안간힘을 썼다. 그래도 우리의 근원이 명예로웠다고 말할 수 있으니 그건 단지 '흉터'에 지나지 않는다.

아버지 형제들은 만주에서 올망졸망 살던 때가 그리워 자주 만났다. 우리 집에서 며칠씩 머무는 동안 각별한 우애를 표현했다. 저녁이면 대청마루에 앉아 아버지들이 전해 주는 이야기에 귀를 기울였다. '우리 집안은 말이야'로 시작된 이야기에 밤 깊어가는 줄 몰랐다. 서러운 시절조차 재미있는 전설로 둔갑했다. 집안 이야기는 우리를 키워냈고 밥보다 책을 먼저 손에 쥐도록 해 주었다. 필사본을 남기고 밤새 이야기를 거듭했던 것도 지금 생각하면 몰락한 집안을 일으키려던 아버지 세대의 간곡한 노력이었다.

이제는 이야기를 들을 수 없다. 철이 들고 보니 너무 늦었다. 평양 무용수 최승희가 아버지의 인물을 탐내어 제자로 삼으려 했다는 이야기를 들으며 할아버지의 인물을 그려본다. 중국인 마을에서 '선생'으로 불렸다는 할아버지의 인품을 상상해 본다. 아버지는 당신이 묻힐 바로 옆자리에 할아버지의 가묘를 두어 그리움을 달랬다. 큰집 오빠가 단둥에서 사업을 하던 시절에 인맥을 동원하여 조부의 묘소를 수소문했지만 찾을 수 없었다. 후손이 빛나기를 기원하며 명당자리에 급하게 이장한 결과이다.

언젠가 백두산을 다녀오는 길에 만주벌을 지나왔다. 상상에서처럼 그리 장대해 보이지는 않았으나 무명의 독립투사들이 걷고 걸었던 길이다. 만주로 간 이 땅의 모든 어른들이 생명과 재산을 바친 고난과 영광의 벌판이다. 그분들이 말을 타고 찬란한 석양빛 속으로 걸어가는 뒷모습을 마음에 그려본다.

아버지의 소장품이 내게로 왔다. 어릴 때부터 귀에 박히도록 들었던 장엄한 대서사시가 구술에 그치면 역사가 되지 못한다. 강물에 몸을 던져 바다를 만들었으나 잊히고 만다. 책장 속 빛바랜 보퉁이 속에서 기억하는 이 없이 한 줌 먼지로 사라질 터이다.

역사는 '과거와 현재의 대화'로 이어질 때 살아남는 법. 석기 아재가 어렸을 때의 기억을 더듬어 한 자 한 자 손으로 남겼듯 나는 지금 활자로 새겨 적고 있다.

아버지 세대가 우리에게 남기고 싶었던 이야기에 어쩌면 미화된 기억도 섞였을 테지만 사실임에 틀림없다. 우리가 겪은 가난과 인내의 어린 시절도 가문사의 일부이다. 무엇보다 그들의 고난이 우리를 생의 바다에 나아가도록 실어준 도도한 배였음에 감사드린다.

백비白碑

스스로를 담장 안에 가둔 이가 있다. 자신의 삶을 한 시대 속에 유폐시킨 남자가 있다. 자미화 송이에 붉은 마음을 녹여낸 선비가 있다. 고려 말 성균관 진사 이오 선생이다. 충절이 시대정신이던 시절 그에게 담장은 고려와 조선의 경계이며 삶과 죽음의 경계였다.

망국의 비운을 스스로 제 몸으로 세우려 했다. 고려가 망하자 이오 선생은 조선의 벼슬자리를 거부하고 경남 함안군 산인면에 거처를 정했다. 이곳에 담장을 쌓고 고려 유민의 거주지임을 뜻하는 고려동학高麗洞壑이라는 비석을 세웠다. 논밭을 일구어 자급자족을 하며 영원한 고려인으로 살고자 했고 그 후손들이 대대로 600여 년간 살았다. 담장 안에 작은 고려, 고려동이 세워졌다.

후텁지근한 바람결에 땀방울이 묻어나는 여름 끝자락 고려동을 찾아 나섰다. 버스 정류장이 바로 앞에 있어 찾기 쉬웠다. 담장 안에 사당과 10여 채 건물이 잘 정비되어 있었다. 육이오 때 파손된 것을 재건한 덕분에 구석구석 살펴볼 수 있었다. 유적지를 둘러보고 나오니 기다리던 종손이 커피 한 잔을 권한다. 담장 옆에 핀 백일홍 위에 금개구리 한 마리가 눈에 들어왔다. 예사롭지 않은 기운을 느낄 때 이오 선생의 백비에 대한 말을 들었다.

'나라 잃은 백성이 무슨 할 말이 있겠는가. 내가 죽으면 할 수 없이 담장 밖에 장사할 것인즉 혹 조선의 땅에 묘비를 세울 경우 내 이름은 물론이고 글자 한 자 새기지 말라.' 백비에 담긴 유언이다.

비석에는 당연히 업적을 새기거나 아예 비석을 세우지 않으면 될 터이다. 그런데 '백비는 뭘까? 수치심이 극에 달하면 이름조차 부정하고 싶은가?' "큰 바위 얼굴"을 쓴 미국 소설가 호손도 미국 개척 시 원주민들을 학대한 조상들의 악행을 알고 난 후 글자 한 자 없는 묘비를 남겼다. 도연명은 시를 남기고 비석은 세우지 않은 채 세월과 더불어 스러졌다. 요즘 사람들처럼 유골이 산천에 뿌려져 수목의 거름이 되게 할 수도 있다. 그렇다 하더라도 '천 년 전 선생은 왜 굳이 글자 한 자 없는 빈 비석을 세우라 했을까?'

제 삶을 오롯이 담장 안에 유폐시키고 백비를 세운 뜻은 순국의 몸말이다. 흰색은 다른 색이 티끌만큼도 섞임을 허락하지 않는 완강한 색이며 동시에 모두를 받아들이는 관용의 색이다. 순국의 완전함을 지향한 선생은 자신에게는 완강했으나, 후손들에게는 각자의 방식대로 그 의미를 해석하도록 길을 열어 놓았다.

뒷산을 오르다보면 중턱에서 초라한 무덤을 만난다. 오래 버려진 듯 봉분만 볼록하거나, 플라스틱 꽃이 꽂혀 있다. 나무판이나 비닐 종이판에 삐뚤빼뚤하게 이름이 적혀 있기도 하다. 성경에는 '누가 나의 이야기를 적어 두었으면, 제발 누가 비석에다 기록해 주었으면, 철필과 납으로 바위에다 영원히 새겨 주었으면'(욥기19장)하고 천년만년 이름을 남기라고 주문한다. 누구나 종이와 나무와 바위, 어디든 이름 석 자를 남기고 싶다. 카잔차키스는 '나는 아무것도 두려워하지 않는다. 나는 자유이므로'라는 글귀로써, 릴케는 '장미'라는 시로써 살아서 지향하던 바를 묘비명으로 남겼다.

인터넷 자료를 찾아보았다. 낮으막한 언덕에 크고 작은 돌덩이 한 줄로 둘려진 묘소는 단아하고 소박하다. 그 앞 한쪽에 백비가 서 있다. 단단한 화강암도 육백여 년의 풍상을 피해 가지는 못하나 보다. 돌판이 깎이고 구부정하게 굽은 듯하다. 95cm 키에 15cm 연꽃무늬 갓을 쓴 늙은 노인네다. 멀리 고려동이 내려다보이는 야산 언덕 위에 비바람을 받으며 밤낮 서 있다. 오래된 통돌에서 뿜어 나오는 서릿발 같은 언어가 귀에 쟁쟁하다. 나라 잃은 자의 부끄러운 이름을 잊으라. 나라를 잃고도 이름을 빼앗기고도 제 이름 석 자 새긴 여러 비석들에게 호통 치듯 흔들림 없이 서 있다.

백비 앞에 번듯한 새 비석이 들어섰다. 그런데 백비가 아니다. '고려 진사 모은 이공지묘'라고 후손이 새로 세운 비석이다. 큰 오석에 새겨진 글자가 돋보인다. 백비가 조상의 얼굴이라면 흑비는 후손의 얼굴이다. 100여 년 전에 세웠다 한다. 긴 세월 세대를 거듭하며 마음속의 비석을 수만 번 세웠다 부수고 허물며 조상의 뜻을 지켜왔다. 세상일에 불쑥불쑥 나서서 참견하고 싶고 허명에 들뜰 때마다 제 마음자리를 지키게 한 비석. 후손들이 깊이 고심한 끝에 내린 결정이니 만치 이해는 되었으나 아쉬웠다.

시간이 흐르자 묘비가 죽은 자의 몫만이 아니라는 생각이 들었다. 마음이 달아 며칠 후 길을 나섰다. 가야읍 혈곡리 37-1번지 야산. 군청에서 일러준 주소를 보며 좁고 구불구불한 농로를 따라 마을로 들어섰다. 인곡 저수지를 지나자 길가에 늘어선 비석들이 유서 깊은 동네임을 말해 주었다. 오석 갓을 쓴 비석에는 화려한 한자가 아로새겨져 있다. 조상의 삶과 공적을 기리는 것이니만큼 더 빼곡하고 더 화려하게 꾸몄을 것이다.

그날 우리는 백비에 이르지 못했다. '인산재(모은공의 墓祭舍)' 입구에서 우연히 만난 동네 어르신에게 묘소로 오르는 길을 물었다. 어르신은 "무슨 말인지 알지 못한다." 하고 개짖는 소리만 더욱 요란했다. 일행은 쓰레기가 쌓인 것으로 보아 가는 길이 순하지 않을 테니 돌아가자고 했다. 남의 묘소에 오르느라고 발이 땀과 흙먼지로 얼룩지는 게 싫은가 보다.

노인장의 얼굴을 다시 보았다. 동네 지척에 있는 길인데 왜 모른다며 웃었을까. 침묵은 말보다 많은 말을 전한다. 이오 선생의 숨은 절개를 숨겨두고 싶은 걸까. 우리가 백비의 뜻을 제대로 알 수 없으리라 여긴 걸까. 아마도 어르신은 앞에 선 사람들이 제 방식대로 백비의 글귀를 생각하는 것이 싫을 지도 모른다.

백비는 몸이다. 몸은 누구나 지니고 있다. 매일 매일의 제 삶이 몸을 만들고 자신의 백비를 만든다. 앞과 뒤, 양옆에까지 수많은 말을 썼다 지우기를 반복한다. 그리는 대로 삶의 모양을 만들고 이루고자 하는 소망을 담아 다듬어간다. 백비는 누구에게나 열려 있는 모두의 비이다. 누구나 백비를 볼 수 있고, 수많은 이야기를 쓸 수 있다. 노인의 웃음에 담긴 의미를 다시 새겨본다.

'자네의 몸이 백비일세. 자신만의 백비를 다듬어 보시게.'

눈으로 확인해야만 대상을 알게 되는 게 아니다. 때론 그리움이 대상의 본질을 확장시킬 수 있다. 눈을 닫으니 백비 하나가 내 마음속에 터를 잡는다. 내 이름 석 자 알리고 싶어 세상사에 안달할 때마다 마음속 백비가 종을 울리리라.

키 큰 흑비 뒤에 가려진 키 작은 백비. 그는 나지막한 체구로 빛을 발한다.

괜찮아

가을은 바람으로 온다. 나도 모르는 사이 목덜미가 편안해지고, 찍찍하게 들어붙던 것들이 사라졌다. '어 이게 뭐지?'하고 주위를 두리번거리다 살갗을 스치는 바람결이 한결 순해졌음을 알게 된다. 올해도 가을은 그렇게 왔다.

잘 닦인 산복도로를 따라 집으로 가는 길이다. 편안해진 햇살과 바람을 받으며 엄마와 나는 한 발짝 앞서거니 뒤서거니 걷는다. 볼일은 잘 끝냈고 해는 중천에서 한 뼘만큼만 떨어져 있으니, 발걸음 바쁠 일 없다. 다닥다닥한 지붕을 넘어 날아오던 조선소 깡깡이 소리가 바람에 사그라진다. 저 아래 바다도 오늘은 평온하다. 집 근처 발치의 바다는 늘 얼른 가보자고 재촉하는 통에 얼마나 마음이 바빴던가. 오늘은 이 가을 바람길 속에서 엄마를 오롯이 느끼고 싶다.

완만하게 뻗은 오르막을 오른다. 엄마의 시선 끝에 새털구름 조각이 무심히 떠 있다. 엄마는 휘청휘청 오르락내리락 삐뚤빼뚤 갈지之자를 그리며 걷는다. 그러다 찻길 쪽으로 들어선다. 인도 쪽으로 엄마를 밀어놓으니, 금방 또 찻길 위에 있다. 걷다 밀어 넣고, 걷다 또 당겨 온다.

엄마의 뒷모습이 완강하다. 삐딱한 신발 뒤축 위의 두 발이 금방이라도 미끄러질 것 같은데, 내 손을 단호하게 밀어낸다. 짝짝이 양말로 감싼 두 발은 어디로 가는 걸까. 살아온 기억은 날마다 지워지고, 배려의 말에는 고집스런 요구가 들어붙고. 나는 엄마의 철지난 꽃무늬 바지를 그냥 눈빛으로 좇을 뿐이다. 집을 나설 땐 혼자 갈 수 있다며 나를 밀어내더니 엄마들의 계모임 자리에까지 쓸데없이 남아있다고 기어이 내 다리를 꼬집었다.

지금은 아무 말이 없다. 가다 말고 엄마는 전봇대 앞에 멈춰 선다. '이·층·집·사·실·분…'하는 소리가 웅얼웅얼 들리더니, 이내 흩어진다. 몇 걸음 가다가 허리를 굽혀 종이 하나를 주워 올린다. 단풍놀이 홍보지로 절정기의 단풍잎이 찬란하게 펼쳐져 있다. 참 곱다며 한참을 더듬어 보는 엄마의 눈에 잠시 물기가 돌았다. 종이를 손끝으로 툭 놓아버린다. 붉디붉은 단풍잎 같은 한 시절을 던져 보내듯. 다시 걸음을 재촉한다.

"바람이 참 좋제!"

엄마에게도 돌이켜 보고 싶은 인생의 한때가 있다면, 옛 동네에 살던 시절일 게다. 그 동네에서 옛 친구들을 만나고 오는 길이다. 엄마의 숨소리는 거칠어도 얼굴빛이 환하다. 그분들은 이제 엄마 혼자 하는 나들이가 힘들어 보인다며 딸의 동행을 바랐다. 언제부터인지 버스를 타던 일도 잊어버리고, 먼 길을 돌아다닌다. 영감님과 자식들 앞에선 못하던 농담을 친구들 앞에선 술술 하고, 영감님께 받은 만 원짜리 지폐도 수시로 확인한다. 잠시 영감님의 지청구가 떠올랐지만 당당하다. 이 길에서 영감님 드실 호박도 큰 놈으로 하나 사고, 배도 산 일이 있다고들 하는데 집에서 본 적은 없다.

"얼마나 감사한지 몰라, 이렇게 걸을 수 있으니!"

얼마 만에 들어보는가. 비누 냄새 같은 상큼한 엄마의 말을. 엄마의 치매 앞에 나는 늘 무기력했다. 몇 마디 채 오가기도 전에 말투가 까칠해지고, 울컥거리는 일이 다반사였다. 내 말만 순하면, 엄마의 계절은 언제나 바람 좋은 가을날인 것을. 이 길 또한 늘 기분 좋은 길인 것을. 길가 은행잎도 가을 물들 채비를 하는지 빛깔이 연해졌다. 오늘은 이 가을바람처럼 순하게 가자.

지금 이 순간이 다시 올까. 엄마의 코앞으로 얼굴을 바싹 디밀어 본다. 좋아서라고 말한다. 엄마가 소리 내어 웃는다. 오늘 하루를 아름다운 기억으로 만들면 힘겨웠던 어제도 좋아지고, 불안한 내일의 삶도 편안해진단다. 그렇게 삶이 영원히 반복될 수 있다고 한 어느 초인의 말을 믿으련다. 지금 이 순간이 아름다우면 남루한 과거도 구제되고 미래도 내 원대로 만들어진다지. 지금 이 순간을 영원처럼 살면 그렇게 된다지. 어정쩡하게 따라 나선 길이지만 오늘이 그런 날이면 좋겠다.

지금 이 순간을 엄마께 선물로 드리고 싶다. 아니. 엄마께 드리는 선물이 아니라, 내가 받는 선물일 테다. 잠시 서서 바람을 들이켜 본다. 얼마나 더 함께 걸을 수 있을까. 바람이 더 거칠어지기 전에 이 순간을 갈무리해 두자. 힘겨울 때, 두려울 때, 슬플 때 떠오르는 따뜻한 순간으로 만들어두자.

나는 엄마 뒤를 따라 '천천히 사알살' 걷는다. "엄마, 어느 길로 가?"하고 천연스레 묻는다. "응, 저기, 쭉." 요행 집으로 가는 길은 기억에 남아있다. 엄마에게 아파트는 그 집도 내 집 같아서 가끔 헛갈리기도 하지만, 지금 이 길만은 생생하다. 자식 셋의 손을 잡고 입학식 가던 길, 손녀의 졸업장을 받으러 가던 길, 누군가 목매달아 죽었다는 커다란 소나무가 있던 길이다. 그 앞을 지나던 아이처럼 나도 엄마 손을 꼭 잡는다. 소나무는 흔적 없이 사라지고 질척이던 흙탕길도 포장이 되었다. '그날 마지막으로 밝게 타오른 불꽃이었을까?' 두어 달 후였다. 겨울날 저녁 어스름에 기어이 이 길마저 잃고 혼자 서성이고 있었다.

초등학교를 지나 아리랑 고개를 넘는다. 구한말부터 영도 섬 안쪽 사람들이 뭍으로 나다니던 유일한 고갯길이다. 이름처럼 굽이굽이 길이다. 섬사람들은 해산물과 바꾼 곡식 한 자루에 아리랑 한 자락 척 걸쳐 올리며 새벽부터 달고 온 비릿한 고달픔을 달래었으리라. 고개 아래엔 전쟁 피란민들이 살던 천막촌이 있었다. 우리 엄마도 지아비 따라 살림살이 이고지고 이 고개를 넘었으리라. 이제 그 길을 엄마와 나는 거슬러 나간다. 내리막길로 접어든다. 엄마의 발걸음이 위태위태하다.

"괜찮아!"

내 손을 내친다. 이 행복한 동행의 시간조차 저녁이면 다 잊혀 지겠지. '너는 오늘 뭐 했니?'하며 마알간 목소리로 웃으실 테지. 무어 그리 서러워할 일이랴. 바람이 이끄는 대로 이렇게 함께 걷고 있는데. 멋진 하루를 선물한다 함은 나의 응석이요, 엄마가 그물에 걸린 바람이 되었다 함도 나의 미련일 뿐이다. 엄마의 뒷모습이 오히려 춤을 춘다. 엄마의 이마에는 분명 땀방울이 송골송골 맺혀 있을 게다.

엄마와 걷던 그 길엔 무심한 새털구름이 여전하고, 은행잎은 다시 빛깔이 순해진다. 그날 그때처럼 참 좋은 바람 함께 있으니, 그래 괜찮아.

아버지의 꽃밭

한 집안이 일어나는 데는 한 세대 이상의 눈물과 땀이 필요하다. 아버지의 아버지 세대는 잃어버린 나라를 되찾으러 만주 벌판으로 갔다. 만주 벌판이라는 말에는 알기 힘든 우수와 낭만이 깃들어 있다. 그 낭만의 뒤안길에서 무너진 집안을 일으키려 한 아버지 세대는 쇠심줄 같이 질기고 단단한 발판 하나 만들어야 했다. 한 시대를 뚫고 오는 시린 바람을 온몸을 던져 막아야 했다.

어린 아이가 아버지의 품에 안겨 곤히 자고 있다. 반가운 마음에 '아버지!'하고 부르다 내 소리에 눈을 뜬다. 나는 침대 한쪽에 몸을 웅크린 채 있고, 등 뒤에서 남편의 고른 숨소리가 들린다. '참, 아버지가 아니네, 아니 없구나!' 등 뒤에 남편이 있건만 잠시 아버지의 기운이 강하게 느껴졌다. 가끔 새벽잠을 깨면 이런 느낌을 받는다. 꿈이라기엔 아버지의 품안이 너무도 푸근했다.

아버지 말년에 요양 병원에 드나들면서 나는 자주 목마름을 느꼈다. '아버지 곁에 앉아서도 아버지가 그리운 건 무슨 연유일까?' 환갑을 지난 맏딸도 그저 아버지 앞에서는 어린 자식일 뿐이다. 그럴 때마다 아버지가 '너뿐이데이!'하고 안아주던 상상을 곧잘 했다. 그 아버지에 그 자식. 점잖은 체 하느라 두 사람 모두 서로에게 제대로 된 애정 표현을 한 적이 없다. 그래서 아버지는 지금 꿈속으로 오시는 걸까.

어릴 적 땅이 너른 산 중턱 동네에는 집집마다 터가 널찍했다. 우리 집 밭도 넓었다. 마당을 제하고도 밭이 집터의 너덧 배는 족히 넘었다. 아버지는 퇴근 후가 되면 허름한 작업복으로 갈아입고 저녁 내내 일을 했다. 그 밭에서 배추며 무를 캐내고 여름이면 조랑조랑 매달린 감자와 옥수수를 수확했다. 농약 없이 자라 못생긴 가지와 오이였지만 끊이지 않고 식탁에 올랐다. 우리들의 간식인 수박과 참외와 토마토도 잘 자랐다. 밭에 매달린 허리가 펴지고 미소를 지을 때면 그곳은 아버지의 일터이자 놀이터가 되었다.

대문이 필요 없었다. 편백나무와 탱자나무로 울타리를 삼은 꽃밭은 언제나 붉었다. 칸나와 달리아가 창을 넘보고 금잔화, 분꽃, 채송화가 땅에서 쉼 없이 피고 졌다. 가지를 타고 오른 나팔꽃도 붉은 얼굴로 수줍게 어울렸다. 밭과 꽃밭 사이에 수국이 고고한 빛을 돋우고, 봉숭아 꽃잎은 우리 손톱을 발갛게 물들였다. 꽃밭 귀퉁이에다 의자만 갖다 놓으면 놀이터가 되었다. 동화책도 읽고 노래도 부르고 복잡한 역사 지식도 술술 외우곤 했다. 삶이 허기였던 시절, 구황작물 재배만 해도 식량이 빠듯했을 귀한 땅에 아버지는 꽃밭을 일구었다. 덕분에 일몰이 온 마당에 붉게 깔리면 한 줄기 바람이 짙은 향기를 마루까지 싣고 왔다.

아버지의 낭만은 꽃밭에서만 펼쳐졌다. 그 외의 삶은 자식에게는 참으로 지루해보였다. 술을 입에 대는 일이 없고, 화를 내거나 소리를 지르는 일도 없었다. 밥상머리에서 경망스럽게 이야기를 조잘거려서도 안 되고, 이웃에 체면을 구겨서도 안 되고, 어른의 말씀을 깍듯이 존중하고, 늘 부지런히 움직여야 했다. 검소하게 살고, 책을 가까이해야 한다고 했다. 그날이 그날. 해야 되고 해야 되고, 해서는 안 되고 안 되고…. 우리는 그렇게 늙어가는 아버지를 보며 사춘기를 보냈다. 온종일 일만하며 '나를 절제하고 남을 배려하는' 재미없는 하루하루를 사는 듯했다. '그게 아버지에겐 재미였을까?'

유산으로 아파트와 통장을 남기셨다. 예상치 못한 많은 재물이었다. 바람벽 하나 없는 허허벌판에서 생을 보낸 아버지가 일군 또 하나의 꽃밭이었다. 만주 땅에서 세 살적에 부친을 여의고 살아내야 했던 한 남자에겐 가족과 가문과 자식은 감당하기 벅찬 무게였을 것이다. 그 시대 독립운동에 투신했던 이들의 많은 자식들의 삶이 그러했듯이. 당신 대에서 아픈 시대를 끝내고 싶었던 아비의 굳고 간절한 의지였으리라.

'삶이 어떻게 가능했을까?' 안락한 노후생활을 보내기보다도 통장의 숫자를 불리는 재미로 사셨지 싶다. 투자처가 따로 있던 것도 아니다. 보통 예금과 적금으로 천만 원 귀가 딱 맞아지면 큰놈 생각하며 미소 짓고, 또 시간이 흘러 어찌어찌 목돈이 되면 작은놈들 떠올리며 설레고…. 돈은 재물이 아니라 아버지의 살 한 점 한 점으로 쌓아올린 꽃탑이었다. 비바람에 풍화되지 않고 시간 따라 높아지기만 하는 생명의 탑. 딸 아들 차별 없이 누구도 섭섭지 않게 '사이좋게 잘' 정리하라는 유언을 남기셨다.

얼마 전 아파트 입구에서 성당 교우를 보았는데, 낯선 분과 대화를 하고 있었다. 일부러 나를 불러 세워서는 그분에게 소개했다. 바로 그 어르신의 딸이라고. 첫 만남인데도 그분은 나를 꼼꼼히 보시고는 고개를 끄덕이고 미소를 지어 보였다. 으쓱하다가 좀 부끄러워졌다. 아버지의 기일을 챙기는 성당 분, 알아서 오는 사촌들. 집안과 이웃을 챙기던 노력이 이런 동네 인사로 발아되었나 보다. 아버지는 아직도 우리를 떠나지 않으셨다. 내게는 지루하고 재미없던 아버지가 누군가에게는 한결같이 배려심 많은 동네 우인으로 비췄던 모양이다.

'일제 강점기를 지내고 전쟁의 폐허를 옥토로 일군 아버지 세대의 삶에 제대로 된 대접을 해 드렸을까?' 어머니의 사랑은 따뜻하고 섬세하다. 아버지의 사랑은 너무나 크고 깊어서 자식들의 눈에 다 담지 못한다. 아버지 가신 지 5년이 지났건만 아직 아버지의 유품조차 정리하지 못했다. 일기장과 여행지를 스크랩한 노트, 성서 필사집을 살피며 비로소 아버지가 가슴에 묻은 꿈들을 생각해 본다. 미처 펼쳐 내지 못한 인간으로서의 꿈을 살핀다. 올망졸망한 자식들을 교육시켜 올곧게 세우려던 가장으로서의 단단한 꿈도 읽는다. 침몰한 가문을 제자리로 끌어올리려 했던 후손으로서의 아픈 노력도 이제야 보인다.

'지금 아무리 아버지의 뜻을 받든다 한들 자식이 무엇 하나 제대로 알 수 있을까. 어떻게 그 뜻을 알아들어야 할까. 꿈으로 오시는 그 마음을.'

언젠가 내가 친구 집에서 본 장미를 우리 꽃밭에도 심어달라고 했다. 그 말을 마음에 담아두셨는지 다음날 아버지는 퇴근하자마자 작업복으로 갈아입고 장미 묘목 몇 그루를 심었다. 귀하게 자식을 키우고 싶었던 때깔 고운 부정父情. 아버지는 그 깃발을 쥐고 평생 자식을 위한 꽃밭을 짓는다.

커플 룩(Couple Look)

거친 봄비가 휘날린다. 엊저녁부터 하늘만 쳐다보는데, 하늘도 무심하시지. 비가 오면 어쩌라고. 좁은 천막 안에 겨우 머리만 밀어 넣는다. 비옷 위로 타고 내리는 빗줄기가 굵지 않아도 바짓가랑이를 다 적셔버린다. 묘공들이 남은 흙을 관 위로 모두 부려놓고 발로 다지라고 한다. 묘지 앞에 일렬로 대기하던 자식들은 차례로 나가 힘껏 밟는다. 밟는 힘이 정성의 크기와 비례하리라는 듯.

오늘 밤은 산 속이 제법 시끄러울 테다. 새 옷을 곱게 차려 입은 견우직녀가 6개월 만에 다시 만나 도란도란 나누는 말소리가 밤새 산 계곡을 울리리라.

"할멈, 왜 이제야 왔소. 처음으로 혼자 맞은 겨울밤이 얼마나 길던지, 등허리가 시려서 혼이 났소.”

“에고 성질은. 할배, 내 어찌 오라고요. 딸년 아들놈들이 두 손을 꼭 잡고 있는데. 내 화장실 다녀오마고 도망치듯 왔구만요.”

쉰 듯한 중저음 견우의 목소리에서 간간히 울음이 배어나오고, 기분 좋을 때마다 튀어나오는 직녀의 혀 짧은 소리에 웅석이 묻어난다. 오늘 밤 무덤 입구의 늙은 벚나무는 늘어진 가지마다 연분홍 등불을 활짝 터트려 봄밤을 밝힐 테다. 공원묘지 비탈 집에 봄기운이 그득한 사월, 이제 곳등이 시릴 일도 없고, 해질녘까지 거실로 파고 들던 늦더위를 염려할 일 없는 좋은 계절이다. ‘아침부터 내리는 비는 직녀를 맞는 견우의 기쁜 눈물이련가!’

시어머니의 부음을 듣자 황망한 마음이 일었다. ‘어찌 이리 떠나셨을까!’ 내 손을 잡고 뒷일을 부탁한다는 말씀 한 마디 없이 그냥 가셨다. ‘식당에서 점심 식사를 하고 화장실에 다녀오다가 숨을 거두셨다고’ 한다. 30여 년 전부터 ‘내 언제 죽을지 모르니’하시던 어머니의 짱짱한 목소리가 들려오는 듯했다. 이렇게 그냥 가시는 걸까. 둘째이지만 제사며 집안의 대소사를 맡을 며느리로 점찍어 놓지 않으셨나. 생전에는 큰아들과 시누이가 집에서 극진히 보살폈으니 뒷일은 내 할일이라 여겼다. 서운한 마음도 있었으나 직장을 가진 며느리에 대한 배려였음을 나중에야 알게 되었다.

지난가을, 시아버님의 초상 끝에 제사 지낼 일을 조심스레 의논드렸다. '걱정마라, 살아있는 한 할배 제사는 내가 지낸다.'라고 하던 어머니의 목소리는 쨩쨩했다. 갓 시집온 며느리를 가르치던 30여 년 전의 당당함이 되살아나는 듯 했다. 그도 잠시, 두세 달도 못가 말수가 갑자기 줄었다. 아직 제사 한 번 안 지냈는데 부엌일을 놓아버렸다. 말갛게 목욕을 시키고 음식을 드리면 '옴싹옴싹' 맛있게 들던 영감 모습이 자꾸 보인다고 했다. 무섭다며 자식들이 곁을 지키도록 했다. 배우자를 잃은 사람은 육 개월이 고비라고 하던데, 86세의 어머니도 평범한 지어미였다. 지아비를 땅에 묻으면서 아픈 허리를 달래가며 살아야 할 이유도 함께 묻은 듯했다.

어머니의 화법은 섬세하고 직선적이었다. 집안의 대소사에 자식들이 시시콜콜히 참여하여 맞벌이하는 둘째며느리의 여우같은 손이 당신의 여생을 빛나게 해주기를 바랐다. 곰 같은 며느리는 어머니의 기대를 채우지 못했다. 어머니의 기대가 클수록 그만큼의 거리로 멀어져가는 며느리의 속내를 어찌 몰랐으랴. 어머니의 화법을 이해하지 못하는 무딘 자식을 어머니가 먼저 안으셨다. 늙는다는 것은 움켜쥐고 있는 끈들을 하나씩 놓는 일. 자식에 대한 기대도 조금씩 내려놓으셨다.

아버님 형제분들이 단명한 터라 어머니는 부부의 수의를 미리 장만해 놓았다. 질 좋은 삼베옷을 환갑 때 부부가 커플룩으로 마련해 두면 장수한다는 말을 믿으셨다. 그 덕을 보았는지 두 분 모두 형제

분들보다 장수하셨다. 뿐만 아니라 진해 천자봉에 마련해 둔 유택에 자식들을 대동하고 때때로 다녀오시기도 했다. 두 분의 커플룩 옷과 유택을 오롯이 당신 손으로 챙기고 관리하면서 사후에까지 함께 하기를 바랐다.

어머니가 여자로 보일 때가 있었다. 자식들 앞에서 아버님을 챙길 때였다. 눈빛에 생기가 넘치고, 아픈 허리도 곧잘 펴졌다. 자식들이 모신 식사 자리에서 아버님은 “할멈, 오늘은 얼굴에 뺑끼 칠도 안 했소?”하며 내 얼굴과 어머니의 얼굴을 번갈아 보았다. 젊은 며느리의 모습이 좋으셨나 보다. 아버님의 말이 끝나기 무섭게 어머니가 분첩을 꺼냈다. “이상하다. 화장 다 했는데.” 하시며 루즈를 꺼내어 다시 발랐다. 며느리가 재빨리 어머니의 늙은 입술을 젊게 해주기를 기대하며 던진 말씀이었을 텐데 곰 같은 며느리는 그냥 있었다.

동네 단골 병원 의사 선생 말로는 어머니의 명이 짧다 했다. 진즉에 꺼졌을 심장을 오직 의지로 이어간 것이라 했다. 그 힘의 동력은 아버님이다. 아버님은 중환자실에서 고비를 넘기고 오신 후로 음식 타박도 잦고 혼자서 몸을 움직이기 싫어했다. 자식들을 대동하여 기름진 음식을 찾아나서는 일이 전보다 더 잦아졌다. 상 위에 놓인 접시를 아버님 앞으로 밀어 놓는 어머니의 위세가 더 당당해졌다. 길어야 2,3년일 텐데 못 할 일이 무엇이냐고 했다. 돌아가시기 직전 자그마한 영감님의 허리는 40인치가 되었다.

‘죽어서도 사람에겐 옷이 날개가 되는 것일까.’ 두 분의 마지막 옷차림은 삼베로 만든 커플룩. 6개월 전 아버님을 입관할 때처럼 주변이 환해졌다. 아버님도 어머님도 사인이 심근경색이라 육신의 손상이 없다. 꽉 다문 입술과 주름이 숨겨진 두 볼에 아직 붉은 온기가 남은 듯했다. 그 위에 윤기 나는 삼베옷을 켜켜이 주름 잡고 허리띠 고쳐 매니 푸르고 붉은 신발 코가 더 날렵해졌다. 어디로든 달려가실 태세다. 구김살 하나 없다. ‘30년 가까이 짧지 않은 세월에 옷을 어찌 그리 정갈하게 보관했을까. 때때로 거풍하고 다림질도 했을까.’ 불빛을 받은 명주 이불에는 윤기가 흘렀다. 염습하던 이도 요즘 이렇게 좋은 수의는 보기 어렵다고 한다.

기둥을 잡고 관 뒤쪽에 구부정하게 서 있던 어머니의 젖은 목소리가 들린다.

“할배, 걱정 말고 좋은 곳으로 가소.”

나도 시어머니의 말투를 흉내 낸다.

“할매, 집안 걱정 말고 좋은 곳으로 가소서.”

가을이 오네

햇살이 한결 부드러워졌다. 알맞게 익은 바람 맞으며 먼 길 떠나기에 더없이 좋은 날이다. 아버지는 곧 저 가을 길을 따라 떠나가실 테다. 길에서 동무들을 만나면 좋았던 한 시절 이야기 나누며 앞서거니 뒤서거니 걸어가리라.

마지막 숨에 힘이 부친다. 구십 평생 한 몸을 지탱하던 숨결로 지난 생의 흔적을 다 짜내려는가, 오늘도 겨우 숨을 토해낸다. 좁고 구불구불한 육신의 길을 돌아 나오는 노쇠한 숨길이 길고도 길다. 뼈마디를 감싸는 살 한 점까지 다 캐 올리려는지 숨 사이의 길이 갈수록 멀다. 의사의 마지막 선고가 떨어진 지 닷새째. 아직도 마지막 숨의 문턱을 넘지 못한다. 앙상한 몸 어딘가에 비워내지 못한 무언가

를 남겨두었는지 누구를 기다리시는지 알 길이 없다. '임종의 순간이 이리 더디고 멀까.'

달리 뭘 할 수 없다. '기력이 부족하신가.' 집에 둔 홍삼 봉지가 어른거린다. 숨길을 잡고 있는 기계장치를 모두 떼어버리고 그리던 집에 잠시라도 모셔봤으면……. 그래도 마음뿐이다. 거친 숨이 순하게 바뀌기만을 기도하며 조용히 기다릴 수밖에 없다. 부디 이 문턱을 넘어 다음 생으로 들어가소서. 처처處處이 아버지의 임종 기별을 기다리는 대기실이건만 거리의 풍경도, 지나다니는 이들의 얼굴빛도 어제 그대로이다.

아버지가 입술을 달싹이나 말이 되지 않는다. 눈빛은 여전히 맑은데 굳어가는 손발이 그 뜻을 좇지 못한다. 맑은 두 눈은 마지막까지 온몸이 죽어가는 것을 스스로 지켜봐야 한다. 눈이 몸 따라 함께 흐려지지 않으려는 것. 그것이 이승에서의 마지막 고苦이리라. '맑은 두 눈은 무엇을 보고 계실까. 저 눈에 무엇을 더 담으려 하실까.'

여름은 모질고 길었다. 아버지는 두 눈이 빨리 닫혔으면 좋겠다고 했다. 뜨거운 햇빛 아래 요양 병원 앞마당의 초록빛이 짙어갈수록 말수는 사그라졌다.

나는 내 눈이 빨리 열리기를 소망했다. 뜨거운 햇빛 아래 요양 병원 앞마당의 초록빛이 짙어갈수록 내 눈은 더 흐릿해졌다. 들어본 적 없는 기생충이 내 왼눈에 자리잡고 앉아 시력을 갉아먹고 있다.

'오늘은 밝은 세상이 펼쳐지겠지' 기대하며 아침에 눈을 뜬다. 그러나 어제와 똑같이 초점 잃은 세상이 뿌옇게 펼쳐진다. 그 많은 약을 털어먹어도 덧나기를 반복한다. 내 눈이 이놈들을 이겨내지 못하면, 이놈들은 내 운명마저 바꿀 수 있다지. 무더위가 내 불안을 부채질했다. 의사가 3주 만에 오라면 나는 2주를 겨우 채워 달려가고, 틈틈이 서울 큰 병원에 예약만 되면 무조건 갔다. 현대 의학이 내 눈을 소생시킬 수 없을까 봐 울울한 심사가 계속되었다.

죽음을 앞둔 아버지의 맑은 두 눈과 다가올 아버지의 죽음을 지켜보는 내 흐릿한 두 눈…. 생과 사를 넘나드는 두 눈의 말씀을 흐릿한 내 눈은 읽지 못한다. 내 눈 앞엔 아버지의 마른 눈에 가득 괴어 오르는 눈물뿐이다. '눈물은 어둔 길에 잠시 위안이 되어준 피붙이에 대한 살가움일까. 회한일까.'

지난 일 년 간, 아버지는 배우자를 먼저 보낸 상실감을 이겨내고, 재활 훈련도 하시며 집에서의 생활을 준비하셨다. 주말이면 당신 아들들이 집으로 모셔와 마음을 반분이나마 풀어드렸으나, 다음 날 오후에 현관문을 나서는 발걸음은 늘 무거워 보였다.

아버지의 전화는 간결했다.

"물김치가 떨어졌다. 밥이 안 넘어 간다…"

금방금방 바닥을 보이던 물김치가 그대로 있다. 바로 가져갈 수 있는 여분의 한 통도 그대로 있다. 병상에 끼고 지내던 성서도 한쪽에 놓여 있다. 몇 장 남지 않은 필사 공책을 새 것으로 바꿀 때가 자꾸 늦어지더니 끝내 두 권을 못 채우셨다. 얼마 전에 사다드렸던 질 좋은 볼펜 한 다발이 필통 속에 온전히 있다.

"이제 성서 필사는 더 이상 못하겠다. 니가 마저 써라."

숟가락 들 힘마저 없어지자 딸에게 남은 부분을 채우라고 당부하셨다. 그 말씀도 몇 번을 되물어 퍼즐을 맞추듯 해서 겨우 알아들을 수 있었다.

등 뒤에서 웃음소리가 까르르 터진다. 요즘 자주 마주치는 치매를 앓는 할머니의 웃음이다. 모자를 쓴 중늙은이 아들의 목소리가 경쾌하다.

"어머니 말씀이라면 팥으로 메주를 쒀야지요, 우리 엄마!"

'나는 왜 아버지를 저렇게 웃게 하지 못할까.' 아버지의 고개가 점점 꺾이는 것을 지켜보며 조바심만 키운다. '무엇으로 아버지의 눈에 미소가 돌게 할까, 무슨 말로 아버지의 목에 힘이 들어가게 할까.' 이 더위를 몰아낼 나뭇잎은 왜 흔들리지 않는지 나무에 눈을 흘긴다.

나는 휠체어 옆에서 아무 말이나 하면서 아버지의 침묵을 견뎌내었다. 여태껏 해본 적 없는 말들이 술술 나왔다.

"아버지, 어제 안 왔다고 삐쳤어예, 시원해지면 제 손 잡고 외국 여행 가요."

"아버지, 올 겨울엔 백화점에 가서 딸의 털외투 사주셔야 해요."

"아버지, 새 잎이 또 나왔어요, 아버지 덕분이어요. 예쁘지예."

겨우 눈을 들어 관심을 표하신다. 웃음도 아니고 울음도 아니다. 어찌해야 하나. 이런저런 걱정을 해본들 사위어가는 아버지의 생명력을 끌어올릴 수는 없었다. 발을 구르다 어느 한 순간 툭 철이 들었다. 삶과 죽음의 길이 다르니 이제 아버지 곁에서 동동거리는 마음을 내려놓아야 한다. 이 또한 집착이리라.

병원 앞마당의 땡볕이 수그러졌다. 땡볕을 피해 달아난 바람이 슬며시 돌아왔다.

'가을이 오기는 오네.'

평온해진 아버지의 얼굴이 그렇게 말했다. 아버지가 성서 필사 공책에 남은 여백을 다 채우도록, 한 획 한 획 고딕체로 삶을 정리해가는 시간을 주느라 가을의 발걸음도 그리 더디었나 보다.

스테로이드제를 다시 복용하면서 내 시력이 돌아온다. 보이는 데 매여 웃고, 보이지 않는 데 매달려 운다. 사소한 것에 쉬이 흐려지지 않으며 고통을 끌어안은 채로 생의 마지막 시간을 응시하던 아버지의 맑은 눈이 오래오래 나를 지켜주시리라.

'주여, 아버지의 영혼에 영원한 안식을 주소서.'

상장

연말은 졸업 같이 한 해를 매듭짓는 때이다. 한 해 지나온 삶을 되돌아보는 시점이다. '뭘 했을까. 제대로 살아왔을까.' 되돌아보면 늘 후회스럽고 안타까운 마음이 든다. 그런 세월을 보낼 만큼 보내고 나니, 이제 꼭 그럴 일만도 아니라는 생각이 든다.

'그래도 잘한 일 하나쯤 있겠지. 대단할 것도 없는 그저 그런 삶이지만 뭔가 하나는 있지 않을까.' 늘 하던 일이라 무디어져서 당연하게 여기는 일, 자신은 미처 알지 못하지만 오래 공들여 온 분명 별처럼 반짝이는 어떤 것이 삶속에 녹아있을 테다. 저마다 잘 비춘 별 하나를 찾게 되면 다음 해도 제가 원하는 색채로 채울 수 있으리라.

인생 후반부에는 앉아서 편히 살고 싶었다. 그러나 부모님의 장례식 때 팔을 걷고 나선 성당 신자들의 헌신적인 행동이 내 생각을 바꾸었다. 작은 힘들이 내 슬픔을 줄였으며, 나를 돌아보게 했다. '받으며 누리고만 살아도 될까?' 별 것 아닌 내 힘도 누군가에게는 손잡이가 될 수 있을 텐데. 몸도 마음도 내리막길에 선 노년에는 떨리는 손만 잡아주어도 잠시 위로가 된다. 마른 가슴속에서 여전히 빛나는 별을 본다면 노년의 삶도 그리 서걱거리지만은 않으리라.

지난 한 해 노인대학의 교사로 봉사했다. 겨울 방학을 앞둔 마지막 시간, 2교시 과제는 종강식장에서 학생이 받을 상장을 스스로 만드는 일이다. 학생들은 상장 틀만 인쇄된 종이를 받아, 본인이 받을 상 이름과 걸맞은 문구를 쓰고, 예쁘게 장식까지 한다.

학생 대부분이 손사래를 쳤다. 상은 무슨, 뭘 잘한 게 있다고. 수업 준비를 하려니 막막했다. 예전에 상급 기관에서 주는 상을 받으려고 내 공적 조서를 직접 작성한 적이 있었다. 늘 하는 일, 그 일이 그 일인데 난감했다. 나중에는 요령이 생겨, 쭉정이 하나라도 빠뜨릴세라 살피고 침소봉대했다. 남들의 웃음이 뒤통수에 날아오는 듯 했다. 어르신들의 심정도 그러하리라. 우등상, 개근상처럼 정해진 이름도 없고, 상의 권위에 맞니 모자라니 하며 걸러줄 인사위원회 같은 것도 없다. 잘 한 일 없이 떠벌려 남우세스러운 꼴이 되지 않을까 염려가 되지만 잘 계획하면 좋은 기회가 될 것 같다.

어르신들은 80세 전후의 신자들이다. 성서를 베끼다 겨우 한글을 깨친 분도 있다. '어찌하면 각자의 가슴에서 빛나는 훈장을 꺼내어 보여주실까.' 교사들이 머리를 맞대어 몇 개의 견본을 만들었다. 제목과 문구까지 짜내어 이렇게 저렇게 설명을 해드려도 고개만 갸우뚱하신다. '마중물이 될 한 수가 없을까.'

둘러보시던 수녀님께서 조용히 말씀하셨다.

"하느님께 청할 상장을 만들어 보세요. 잘 했다고 칭찬하실 일을 생각해 보세요."

신앙심이 강한 분들이다. 내 삶을 온전히 지켜보신 신께 어린아이처럼 청하고픈 상장, 평생 공들이며 지켜 온 내 안의 어떤 것을 보라는 말씀이다. 그때서야 얼굴이 밝아지며 한두 분의 손이 움직이기 시작한다.

수업 분위기는 뜨거웠다. 손 놓은 이는 한 분도 없다. 처음부터 자신 있게 쓱쓱 쓰는 분, 흘깃흘깃 곁눈질을 하며 따라하는 분, 이래라저래라 참견하는 분. '난 까칠하고 정이 없어서'라고 툭 내뱉으니, '당신은 신중하고 정확해'로 고쳐 분위기를 북돋우는 분…. 이 순간만큼은 누구의 할머니도 엄마도 아닌, 오롯이 공부하는 나 ○○이다. 나는 곁에서 학생들을 돕는다. 학생들이 연습한 상장의 글자를 슬쩍 고치고, 문장을 다듬는다. '빨강'하면 빨간 색연필을 쥐어드리고, '풀'하면 풀을 찾아드린다.

상 이름은 소소하나 가볍지만은 않다. 가족 사랑상, 삶의 극복상,

복음 통달상, 인내상 등 묵직한 제목에서부터 웃음 바이러스상, 애교상, 토닥토닥상, 센스쟁이상, 깔끔상, 꼼꼼이상, 약속지킴이상, 온유상, 천사미소상, 너그러운 마음씨상 등 미소 짓게 만드는 제목이 많다. 글씨가 삐뚤고 어법이 맞지 않으면 어떠랴. 알록달록한 꽃과 색연필로 꾸민 상장이 바로 지나온 삶이다. 평범한 제목에서 타인을 배려하며 진득하게 살아온 어르신들의 겸손한 삶이 느껴진다.

저는 재능이 하나도 없습니다. 그래도 성격이 온유하고 얌전하여 상대방에게 상처 주는 말을 안 합니다. 저는 하느님께 사랑을 많이 받았기에 사랑을 나누는 법을 압니다. 저는 마지막 생애까지 많은 사람을 아끼고 사랑하겠습니다. 나에게 고운 마음씨상을 드립니다.

감사하다는 말씀을 달고 사시는 분의 자칭 상장 문구이다. 아직은 미약한 상장이나 당신 가슴 속에 빛나는 큰 별에 가까워지는 한 걸음이 되었으면 한다.

그날 점심상은 푸짐했다. 급식 봉사자들이 평소엔 제철 밥상으로, 행사 때엔 뷔페상으로 깔끔하고 걸판지게 차려낸다. '에고, 80대 어르신 상 받는 날 70대 중늙은이 허리가 휘네!'하며 웃음을 돋운다. 관절염을 앓으면서도 봉사는 도중하차하는 일이 아니라는 말에 나를 돌아보게 된다.

진정 자신에게 주고 싶은 상장의 문구는 무엇일까. 제 상장은 자신의 삶을 보듬어 안는 일일 터. 지나온 삶뿐 아니라 앞으로의 삶도 그러하리라고 스스로 약속하는 일이다. 숨 가쁘고, 가슴 시리고, 구멍 숭숭한 세월을 살아낸 저에 대한 칭찬이며 책임이다. 쉽게 쓸 수 없다. 어제 쓴 문구가 밤새 어깨를 짓누른다. 새벽에 일어나 지우고, 다시 쓰고 지운다. 못한 일에 미련 갖지 말고 잘 하는 일들로 내 삶을 채우리라는 다짐이다. 누구에게나 남은 길을 가늠하여 신발 끈을 고쳐 매는 중간 점검이 될 터이다.

나도 숨은 내 별을 찾아본다. 목요일마다 어르신들과 함께 춤추고, 공부하고, 설거지를 하면서 지난 일 년을 보냈다. '꿔다놓은 보릿자루처럼 어색했지만 나에게도 내 별을 찾아가는 한 걸음이 되지 않았을까!'

'나는 어떤 상장을 청해 올릴까.'

살지 않은 나날들

– 가즈오 이시구로의 「남은 나날들」을 읽고

산타의 선물이 사라졌다. 서랍마다, 주머니마다 구석구석 뒤져봐도 없다. 길바닥에 흘렸을까, 통째로 도둑맞았나, 귀신이 곡할 노릇이다. 차고 넘치도록 받은 시간, 일 년, 삼백육십오 일, 8760시간. 그 많은 걸 어디에 써버렸을까,

저무는 저녁, 붐비는 도로를 가다 서다 하다 보니 전광판에 올해 부산 교통사고 사망자 수가 보인다. 2,3일에 부산 사람 한 명은 교통사고로 죽었다. 뉴스는 종일 스포츠 센터 화재로 떼죽음 당한 이들의 소식을 전한다. 죽음은 우리 등짝에 붙어 살면서 삶이 비틀거릴 때마다 그 검은 얼굴을 들이댄다. 누구나 미처 정리하지 못한 채 삶을 끝낼 수 있다. 최선을 다한 지난날이 잘못 살았다고 비난 받을 수

도 있다. '한 번뿐인 삶을 다시 돌이킬 수 있는가.' 몇 남지 않은 달력 앞의 시간이 황망하다.

대화가 그리운 저녁이다. 저만치 앞에서 어깨를 늘어뜨리고 혼자 걷는 이가 보이면 그가 누구든 부르고 싶다. 스티븐스, 소설 속의 그를 현재로 불러들인다. 이 저녁이 그이만큼 절실한 이가 있을까. 옛 연인의 편지를 받고 '그녀'를 보러 생애 첫 휴가를 가는 길이다. 죽을 힘을 다해 노력한 삶이 훈장은커녕 손가락질을 당하게 되었다. 그는 이 여행에서 과거와 맞닥뜨려야 한다. 과거의 자랑스러운 삶이 현재의 고통으로 바뀐다. 과거가 미래의 발목까지 잡고 그를 늪으로 빠뜨리려 한다. 노인장의 깍듯함에는 사람을 끄는 힘이 있다. 품위 있는 말씨로 담담하게 자기 삶을 이야기한다.

유서 깊은 영국 명문가에서 평생을 집사의 신분으로 살았다고 한다. 최고의 집사가 되겠다는 야망을 품고, 그에 걸맞은 품위를 지키려 최선을 다했다. 1923년 3월, 주인 달링턴 경은 1차 대전의 패전국인 독일에게 불리하게 부과된 배상 조약을 바로잡기 위해 자신의 저택에서 국제적인 행사를 주재했다. 전선에서 총부리를 맞대었던 한 독일 장교와의 약속을 지키기 위해 시작한, 순수하고 도덕적인 일이었다고 한다.

그의 생애 최고의 날이었다. 그는 역사의 수레바퀴를 움직이는 힘이 열린 광장에서가 아니라, 이 저택과 같은 밀실에서 나온다는 사실을 간파했다. 이 저택은 당시 세계의 평화와 정의의 역사를 만드는 세상의 중심축이라 믿어 의심치 않아, 한 치의 오차 없이 행사를 치러냈다. 숭고한 목적을 지닌 달링턴 경에게 헌신하는 일이야말로 자신이 세상의 중심축에 다가서는 길이며, 역사에 미미한 힘을 보태는 일이라고 믿었다.

이만하면 잘 살지 않았느냐는 듯 그의 눈에 빛이 돌며, 허리가 곧아졌다. '그런데 무엇이 문제인가. 세상 사람들이 왜 그를 실패자로 기억하는가. 왜 그 스스로도 달링턴 경의 집사였다고 떳떳하게 밝히지 못하는가.'

품위는 그의 삶의 핵심이었다. 품위는 '저절로 배어나는 위대한 어떤 것'이라고 한다. '전문가의 품위를 갖추기 위해 어떤 노력을 기울였던가.' 동료 중에는 현명한 주인을 찾아 끊임없이 직장을 옮기던 이도 있었다. 그런 동료들의 말로가 비참했기에 한 주인에게 충성을 다했다. 행사장에 뛰어다니느라 부친의 임종을 모른 체했다. 아버지도 아들의 판단을 이해하리라 믿었다. 그녀, 사랑하는 켄턴 양과의 관계도 그랬다. 그녀가 떠난다고 신호를 보낸 때가 하필 그가 성취해야 할 목표 지점 바로 앞이었다. 생의 전환점이 될 중요한 순간임을 직감했지만 그녀를 잡지 않았다. 목표에 다 왔다는 승리감에 도취된 순간 사랑 따위에 발목 잡힐 수는 없지 않은가. 그가 지킨 품위는 단지 성공한 집사의 품위이다. 인간으로서의 품위는 늘 뒷전이었다.

대화 도중 단단하던 그의 눈빛은 자주 흔들린다. 그게 잘못된 일인가. 그럴 때마다 품위를 들먹이며 자신의 말에 동의를 구한다. 그게 부정된다면 그의 인생에 남는 건 아무 것도 없다. 무슨 말이든 정당화하고 합리화할 형편이다.

자신이 만든 틀로 세상을 보았다. 세상은 그의 주인이 히틀러의 힘을 키워준 몽상가이며 아마추어라고 손가락질한다. 세계정세를 제대로 읽지 못한 오만한 귀족에게 충언을 전달하지 않았다고 질책한다. 야망에 눈먼 집사라고 평가한다. 그는 세상을 향해 외친다. 그의 임무는 봉사일 뿐, 자신이 책임질 일은 아니다. 나리는 신사 중의 신사였다, 숭고함이 저급함에, 명분이 실리에 눌려 추락하는 세상을, 선과 정의보다 탐욕과 이익에 우선하는 세상을 받아들일 수 없다. 미국의 실리주의에 밀리는 위대한 영국의 몰락을 인정할 수 없노라고.

30년 만의 재회는 참담했다. 그녀가 분명한 말로 짚어주기 전까지 그는 자신의 마음조차 몰랐다. 다시 함께 일할 수도 있다는 희망을 가졌다. 그녀는 티격태격하던 시절을 즐겁게 회상하며 둘이 결혼했더라면 삶이 훨씬 더 나아졌으리라는 말을 듣는다, 그러나 대화를 나누면서 남편을 사랑하며, 남편도 그처럼 좋은 사람임을 알게 되었다며 그녀는 편안하게 떠난다. 희망은 산산조각이 났다.

밖으로 나가야 안을 볼 수 있다. 여행을 하고 그녀를 만난 후 그는 실수를 모두 인정한다. 남들 앞에서 달링턴 경을 모른다고 잡아떼던 그가 먼저 말을 꺼낸다. 자신은 저택의 일괄 거래에 끼여 새 주인에게 넘겨진 한 품목일 뿐임을 자각하며, 야망에 눈멀어 지낸 세월을 후회한다. 오해를 바로잡을 날이 다 지났다. 실수했다는 말조차 할 수 없는 지금 어디에 품위가 남았느냐고 한탄한다.

미국 청년의 충언에 귀를 기울이기에는 그의 야망은 너무 컸다. 세상을 제대로 읽으려 노력하지 않은 결과는 참혹하다. 단지 실패한 늙은이로 기억될 뿐이다. 잘못 읽은 지난 세월을 어찌 하랴. '파우스트처럼 영혼을 팔아 새 젊음을 구할 수 있을까.' 법의 수호자 자베르 경감은 장발장을 향해 방아쇠를 당기려던 바로 그 순간에 자신의 총이 정당한 권력이 아니라 폭력임을 깨닫고 강물로 뛰어들었다. 영화 '남한산성'에서 판서 김상현은 명분을 지킬 수 없게 되자 장렬하게 자결하는 것으로 그려지지만, 역사 속의 그는 청나라에 인질로 잡혀갔다. 사람들은 실패를 끌어안고, 얼룩이 묻은 일상을 끌어안고 그냥 살아갈 뿐이다. 연말이면 시간을 도둑맞은 듯 놀라면서도, 어제와 같은 실수를 반복하지 않는가.

그의 여정은 바닷가 마을에서 맞는 저녁이야기로 마무리된다. 그녀를 만난 후 이틀간의 행적에 대해서는 아무 말이 없다. 불꽃놀이와 몰려든 사람들의 웃음소리, 해변에 내리는 저녁 어스름이 벤치에 앉은 그를 감싼다. 그곳에서 무엇을 보았을까.

남아있는 나날들, 날것 그대로의 품위를 즐길 수 있는, 아직 살아 보지 않은 날들이다. 남은 날들은 만만찮은 진창길이 될 터이다. 후회와 좌절, 구석구석 파고드는 질병과 노쇠로 삶의 껍데기가 비루해지고, 과거라는 진흙이 수시로 발길을 잡으리라.

그는 지난날의 회한에 매달리지 않고 앞을 보고 즐기겠다고 한다. 결과에 상관없이 그는 그냥 집사로서의 삶에 만족하며 살겠다고 한다. 자기가 살던 틀을 벗어던지기엔 너무 늙어버렸을까. 그래도 쉴 새 없이 팔다리를 움직이다 보면, 과거 속으로 밀려가면서도 끝내 앞으로 나아가리라.

제4부
영도 블루스

영도 블루스

영도에 산다고 하면 사람들의 눈빛이 이내 달라진다. 그곳이 부산시에 붙은 땅이냐고 묻는다. 그러다 잊고 지내던 친구 이름이라도 떠올랐을 때처럼 금방 '아! 영도!'하며 반색한다. 긴가민가 어조에 자신이 없다. 거기 사람들은 낯빛이 검고 말씨도 거칠 것 같다며 고개를 갸웃거리다 미소 짓는다. 그곳에서 60년 넘게 산다고 하면 의아하던 입이 떠억 벌어진다. 영도는 말 그대로 다리 건너 육지 사는 사람들에게는 그림자 섬 影島이다. 기억에서 사라졌다가 어쩌다 가끔 돋아나 깜빡거리는 섬이다.

영도에도 당연히 '왕년에!'하고 명함 내밀던 시절이 있었다. 영도다리가 개통된 1934년도 부산 인구 16만일 때 5만 명이 살았다. 조선업이 활황이고 광복동이 부산의 중심이던 시절 대평동은 부산 세수 2위가 될 정도로 번성했다. 아시아 최대 신석기 조개패총이 남아 있고, 부산 개항과 더불어 발전한 '백년길'도 있다. 깡깡이 아지매들이 망치 소리 드높이던 조선소와 남편들의 뱃길 출항식이 왁자하던 항구로 일감을 찾는 이들이 몰려왔다. 절영도絕影島는 달리는 그림자가 바닷물에 비치지 않는 발 빠른 명마를 길러낸다 하여 붙은 이름이다. 그림자 없는 섬이다. 지금도 그림자가 비칠 곳 없이 사람들이 북적거리는 따뜻한 땅이다.

봉래 나루터 근처에서 〈뜬소문〉 전시회가 열렸다. 영도 작가들이 사라져가는 지역의 옛이야기와 생활 자료를 모아 영도의 진면목을 세상으로 다시 떠오르게 한다는 〈뜬 소문〉전이다. 영도인의 손으로 영도다움을 찾으려는 탐색전이다. 다른 이들은 영도를 어떻게 표현했을지 자못 궁금했다.

전시장에 들어서면 낡은 골목길을 걷게 된다. 옛날 간판과 명함들을 보며 추억을 떠올릴 때쯤 비닐봉지 하나가 발에 차인다. 떠도는 소문을 형상화한 것으로 그것을 따라가며 관람한다는 발상이 재미있다. 군데군데 조형물이 있다. 영도판 '노아의 방주'와 매일 영도 바다를 남포동으로 실어 나르는 자동차, 손때 묻은 옛날 물건을 단 나뭇가지, 엔카 노랫가락이 나오는 우물이 눈길을 끈다. 기약할 수 없는 내일을 빌며 봉래산 할미께 올리던 비원이, 액땜막이용 속설도 작품화 되었다.

2층에는 영상관이 있다. 양다방에 앉아 노른자 동동 뜬 쌍화차를 홀짝이며 뱃사람들을 일터로 주선하던 이들의 사연과 그 시절 삶의 풍경을 기록으로 담았다. 영도의 바다와 시장소리, 쇳소리 등을 배경으로 깔고 생선까지 천장에 매달아 옛 동네 어디쯤에 서 있게 한다. 직접 사용하던 물건과 실제 이야기로 영도의 생활상을 엮어 영도라는 공간의 특징을 잘 보여준다.

공간은 삶을 만든다. 자연과 사람이 일군 서사가 그곳 사람을 키우고 삶의 결을 만든다. 무엇이 영도를 영도이게 하는가. 사람을 불러들이고, 누군가를 평생 눌러 앉혔으니 찬사를 받아 마땅하다. 영도 사람들은 영도의 자연과 서사 속에 살아가면서 진짜 영도 사람이 된다. 섬은 바깥 세계와 떨어져 있고 그 떨어진 거리가 오히려 안정감을 준다. 고향이란 누구에게나 두엄 냄새조차 정겨운 곳이라고들 하지만, 그것과 다른 뭔가가 있다.

다리로 올라서면 섬을 감싸는 부드러운 공기 막을 열고 들어가는 듯하다. 막 안은 이불 속인 양 포근하다. 일자리에서 돌아와 씻고 드러누운 대청마루처럼 시원하다. 바닷물을 휘돌아 나가는 뱃고동이 몸을 깨운다. 할매바위 등허리에 업힌 손자 구름처럼 편안해진다. 그렇게 다리를 건너가고 오는 동안 영도 아이는 영도 어른이 되었다.

글을 쓰면서 여기서 산 세월을 헤아린다. 60년. 어릴 때 들어와 망팔望八, 망구望九에 이르거나 여기서 태어나 자식을 내보내고 늙어가는 사람이 수두룩하다. 결혼하며 외지로 나갔다가 가족을 이끌고 다시 정착하는 딸들도 많다. 다리를 건너가서 학교에 다니고 다리를 건너 와서 일하며 그냥 산다. 수도권에서 온 이는 30년 전의 심성을 지닌 사람들이 사는 동네라고 한다. 그는 파견 근무 온 지 두 달이 채 못 되어 할머니와 아이들의 매력에 푹 빠졌다. 교통도 한결 편안해졌다. 남포동은 걸어서 가고, 부산역은 버스를 타고 가고, 해운대는 차로 10분이다. 싼 물가와 싱싱한 해산물도 서민들을 붙잡는다. 삶이란 자신의 속도로 스스로의 창을 얻는 과정일 터, 빠르면 빠른 대로 느리면 느린 대로 저마다의 속도를 믿어주는 땅이다.

해 질 무렵이면 숨쉬는 바다가 그립다. 중리로 간다. 붉은 빛이 하늘에서 깊어지고 낚싯배가 돌아올 즈음 사람의 움직임이 그림자로 되는 때가 좋다. 너도 아니고 나도 아니고 그냥 우리가 된다. 잡아온 물고기에 미소 짓거나 찡그려도 좋다. 어떤 날엔 할 일없이 부산대교를 건너가서 시내를 돌아 영도다리로 돌아오기도 한다. 영도의 숨이 가득한 젊은 바다를 만난다. 다리 건너편 광복동에 불빛 없는 가게가 늘어가지만 영도 바닷가에는 불빛이 점차 밝아진다. 인간 성쇠가 잠깐이나 바다는 여전하다.

영도다리를 지나다니는 젊은이들이 늘어난다. 여행 가방을 끌며 산뜻한 차림을 한 젊은이들이 다리를 건너 영도 속으로 들어온다. 다리를 건너는 맛을 안다는 게다. '인생사진' 하나 건지려고 늘어선 젊은이들이 북적이는 흰여울 바닷길도 어느덧 익숙한 풍경이 되었다. 곳곳마다 카페로 뜨는 핫플레이스가 되어 동네 카페에는 젊은이들이 진을 치고 있다. 바닷가와 봉래산에 전망 좋은 건물들이 들어서면서 달라진 그림이다. 그들은 토박이들보다 더 빨리 소문을 만들어 퍼뜨린다.

바닷물이 잔잔하고 저녁 공기가 포근하다. 영도다리 안쪽 해안선을 따라 늘어선 포장마차 촌에 불이 들어온다. 부산대교의 은은한 조명을 눈요기하며 한잔하기 좋은 때이다. 영도클라쓰, 추억만들기, 이모네, 한잔OK, 무명초 등 포차의 이름이 진한 감성을 불러낸다. 주말이라 벌써 만석이다. 부산의 거친 사투리가 왁자하고, 서울의 부드러운 말씨가 한 곳에서 어우러진다. 제 목소리 드높이며 움츠러든 어깨를 편다.

우리 모두의 마음 깊은 곳에는 지난 일의 감정들이 쌓여 있다. 과거의 감정은 사라진 것이 아니라 현재의 일상 저 밑에 두텁게 묻혀 있을 뿐이다. 켜켜이 묻힌 감정 중에서 불편한 것은 걸러내고 유쾌한 감정들만을 들춰 올리는 뭔가가 이 영도 공기 속에 있다. 그래서 젊은이들의 목소리가 저리 힘찬 게다. 한 잔 술의 힘만이 아닐 것이다.

고달프고 눈물겨운 소문들로 무성하던 영도다리에 젊은이들이 걷고 걸어서 온다. '노인과 바다만 있더라'는 영도가 퍼덕거린다.

그림자가 없다. 절영도가 이름 그대로 밤 그림자도 없는 밝은 섬이 되어간다.

출렁이는 집

영도. 섬 아닌 섬. 천지 사방이 열린 땅이다. 어디로든 가고 어디에도 머문다. 산꼭대기에서 보면 앞에는 배들이 분주하게 들락거리고 뒤에는 작은 섬들이 고요한 바다에 안겨 있다. 고요한 바다 그 결을 따라 어디쯤 오가다보니 어느새 바다 한가운데에 두 발을 담그고 있다.

산등성이에 앉아 바다를 보면 아이가 된다. 바다를 건너는 거인이 되어 풍덩풍덩 발을 적시며 이 섬 저 섬 사이를 뛰어다닌다. 평생을 뛰어놀던 바다는 내가 사는 세상이 되고 섬들은 삶의 지표가 되었다.

바다에 대한 첫 기억은 초등학교 2학년 때이다. 담임이 바뀐다며 우리 선생님이 4학년으로 가셨다. 날벼락이었다. 잠시였지만 아버지 같은 선생님이 좋았던 아이들은 어찌할 바를 몰라 옷자락을 잡고 졸졸 따라다녔다. 하굣길에는 길옆 작은 언덕에 우르르 떼를 지어 앉아 세상에 일러바쳤다. '4학년 8반 도둑놈, 우리 선생님 훔쳐 간 도둑놈!' 어른들이 지날 때마다 손나발로 고했지만 웃으며 그냥 갔다. 분이 덜 풀린 아이들 몇을 이끌고 뒷산에 올랐다. 산등성이에 앉아 눈물을 훔치다보면 아이들의 눈물 사이로 바다가 반짝였다. 그 햇빛 길을 따라 선생님이 오실 것 같았다. 언제나 오륙도 앞에서 되돌아 나오던 바다는 따뜻하고 신비스러운 동화 속 세상이었다.

우리 집 탱자꽃 울타리 사이로 오륙도가 잘 보였다. 마당에 앉아 바다 한가운데서 빛나는 섬을 그렸다. 오륙도, 영문도 모른 채 어느 날엔 다섯 개 어느 날엔 여섯 개의 섬을 그렸다. 밀물과 썰물의 조화라고 했다. 굳이 오륙도에서 되돌아오지 않아도 될 성 싶었다. 썰물을 타고 멀리멀리 가면 바다가 파도를 만들어 나를 단단하게 밀어주리라. 세상눈이 뜨였다.

오륙도는 내 섬이었다. 망망한 바다에 지표처럼 툭 던져진 섬, 어린 시절 볼 수 있던 유일한 바깥세상이었다. 울타리인 동시에 망망대해로 나가기 전 잠시 숨을 고르는 쉼터였다. 파도 속에 흔들리면서도 흔들리지 않는 섬, 무시로 오가는 또 하나의 집이 되었다.

중학교를 시내로 배정받았다. 한동안 친구들과 어울려 영도다리를 건너 집으로 걸어왔다. 차비를 아껴 군것질하는 재미에 힘든 줄 몰랐다. 영도다리 위에서 가만히 아래를 내려다보면 바다가 움직였다. 미동도 없어 보이던 바다 물살이 빠르게 원을 그리며 다리를 돌아나갔다. 그 물살을 따라 오가며 장난을 쳤다. 언젠가부터 바다가 말을 걸어왔다. 저를 따라 멀리멀리 흘러가자며 꼬드기다가 어떤 날은 보채다가 했다. 그 물길이 마음속으로 흘러들었다. 몇 번 숨을 참으면 넓은 바다로까지 나갈 것 같았다.

물결은 따뜻했으나 가끔 장난을 쳤다. 자주 병치레를 했다. 몇 달을 아파 집과 병원만 오갔다. 어떤 밤에 잠이 깨면 부모님과 동생들이 기도하는 게 보였다. 난치병이라는 말에 온가족의 삶은 엉클어졌다. 소망하는 것을 멀리로 밀어놓았지만 물결이 내 손을 놓지는 않았다.

어느 가을날 엄마와 아리랑 고갯길을 걸었다. 집까지 가는 길은 아직도 먼데, 엄마의 걸음은 자주 휘청거렸다. 땀을 뻘뻘 흘리며 안간힘을 쓴다. 잠시라도 눈길을 놓치면 엄마는 길 끝으로 영원히 사그라질 것 같았다. 엄마와 내가 걷는 길을 올려다보면 그 끝에 아득한 바다가 들어왔다. 바다가 아득한 걸 보면서 이 길이 엄마와 걷는 마지막 길이 되리라는 예감이 들었다. 근처 조선소에서 시끌벅적한 소리들이 올라왔다. 망치질하고 쇠를 두들기고 녹을 벗겨내는 소리, 심장이 팔딱이는 소리였다. 그 삶의 소리가 끝까지 걷자고 손짓했다.

중견 직장인이 되었을 때 자리 하나를 꿰차지 못하고 빌빌거린 일이 있다. 직장 생활에 잔잔한 어려움은 늘 따르게 마련이지만 그 때는 감당하기 벅찼다. 후에 알게 되었지만 정치적인 문제였다. 그런 것에 제 자존심을 걸다니 어리석은 일이었다. 눈에 비문증이 왔다. 비록 지나는 바람에 불과할지언정 동료들의 응원이 힘이 되었다.

바다가 잔뜩 부풀어 뒤채며 한숨을 토해내는 날이 있다. 태풍이 빠져나가는 꽁무니를 좇아 바다에 간 날이었다. 바다는 제 성미를 이기지 못해 가쁜 숨을 몰아쉬며 들끓었다. 바닥까지 제 속살을 온전히 드러내었다. 토하고 토해내어라. 지나간 나를 소환한다. 선생님을 잃은 아이, 아파 울던 아이, 소망하던 아이가 그 속에 있다. 오래도록 서서 두터운 손으로 아이들의 등을 두드려 주었다.

몇 번이나 그렇게 제 속을 토해내었을까. 그런 뒤 해변에는 어김없이 쓰레기가 쌓였다. 삶도 때로는 제 쓰레기를 다시 삼켜야 하는 법, 아파하면서 비워내고 삼키면서도 웃어야 한다.

해가 설핏 기울 무렵 '흰여울' 바닷길을 걷는다. 파도와 장난치며 한참 걷다 보면 바닷길이 끊어지고 길이 산으로 이어진다. 내 걸음도 여기서 멈춘다. 바위 안쪽으로 들어서면 협곡 같은, 작은 만 같은 아늑한 곳이 숨겨져 있다. 올봄에 발견한 새 아지트이다. 맑은 물이 요동치는 발치를 내려다보며 바위에 앉는다.

저녁 햇살을 받은 배들이 줄지어 있다. 저 바다를 묘박지錨泊地라고 한다. 녹슨 몸을 씻고 식량을 구할 장소를 찾아 입항을 기다리는 곳이다. 그들도 긴 항해에 곤한 다리를 뻗어 잠시 쉴 곳이 필요하리라. 수평선 위에 늘어선 긴 행렬이 저녁 어스름 때가 되어 집으로 기어드는 어린 짐승들 같다.

파도가 밀려와서 달려가고 다시 밀려온다. 크고 작은 돌 틈일지언정 잠시 쉬어갈 집이 필요한가 보다. 출렁이며 달려와 잠시 자신을 내려놓는 그 순간, 그 찰나의 쉼이 다시 바다로 달려 나갈 힘을 주리라.

석양이 바다를 물들이기 시작한다. 눈길 닿는 자갈돌 길마다 아기자기한 이야기가 소곤거린다. 출렁이는 섬 한 자락 위에 앉아 따라 출렁이던 나도 저녁 이야기 속으로 빨려 들어간다. 별일 없는 하루가 그저 그런 한평생이 바다 곁에서 천천히 저물어 간다.

집으로 가는 길

그해 봄 예기치 않던 며칠 휴가가 생겼다. 철 지난 외투에서 지폐 몇 장이 튀어나올 때처럼 기분 좋은 일이다. 꽃을 보면 꽃이 그립고 바람이 스치면 바람이 그리운 계절에 굴러온 덤이니 내 그림자라도 끌고 훌쩍 길을 나서고 싶었다.

오후, 제주도, 서귀포 바다는 거칠었다. 굵은 빗줄기가 지난 후의 바다는 산모의 젖줄처럼 부풀었다. 일렁이는 파도가 빠르게 오르내리니 덩달아 호흡이 가빠진다. 출렁이는 파도가 몸속 구석구석을 돌며 쪼그라든 장기들을 팽창시킨다. 폐가 터져라 숨을 들이켰다가 반쯤 죽은 숨을 내뱉는다. 파도 위에서 젊은이 몇이 함성을 내지른다. 전율이 인다. 나는 살아있다.

저만큼 밀려갔던 파도가 발치로 와서 부서진다. 지금 밀려오는 파도는 숙제하기 싫어 까치발로 도망치다 엄마한테 덜미 잡혀오는 아이 같다. 넓은 세상으로 떠나고 또 떠나지만 다시 되돌아오게 되는 귀소 본능. 자유롭다는 기분은 잠시, 멀리 제주 앞바다까지 와서 나 또한 덜미 잡힌 파도가 되어 병약한 어머니에게로 돌아간다. 투정 부리듯 버럭버럭하던 자신에게로 돌아온다. 벗어던지고 온 일상에 다시 매달리게 된다.

파도가 멀리 달아난다. 나도 더 멀리 달아나고 싶다. 한라산 자락을 오른다. 파도가 결코 오르지 못하는 산은 순하고 완만하다. 구석구석 유채꽃 향기가 정겹다. 너른 품속에 아부 오름, 거문 오름, 곶자왈 원시림 등을 깊숙이 숨겨 놓았다. 산은 그 밑에 앉아 쉬어 가라고, 맑은 물에 발을 식혀 가라고, 길을 빙글빙글 돌아가라고, 어디서든 천천히 느리게 숨을 고르라고 한다. 햇살이 따가운 봄날, 이곳저곳 일정에 욕심을 부렸는지 저녁마다 녹초가 되어 돌아왔다. 아침에 나설 때는 더 멀리 가보려 했다. 몸은 더 멀리 떠나보나 마음은 집에서 한 발짝도 떠나지 못한다. 급하게 찰싹대지 마라. 제 소리에 겨워 주변의 소리를 듣지 못하나니.

시지프스는 돌덩이의 무게만 느꼈을까. 구르는 돌덩이를 언덕 위로 다시 떠밀고 올려야만 지탱할 수 있는 삶. 신화는 그 삶을 지옥의 한 장면으로 묘사했다. 반복되는 일상, 제대로 풀리지 않는 만만찮은 과제들, 매일매일 그렇게만 끝난다면 삶은 지옥일 뿐이다. 그래도 그것이 인생. 높이 올라갈수록 언덕 너머 향기로운 들판과 높푸른 하늘을 만날 수도 있다. 언덕을 오르는 나날의 산 빛이 달라지는 것을 보면 돌덩이는 더 이상 지옥의 무게가 아니다. 그를 다시 언덕으로 오르게 하는 힘이다. 돌덩이를 밀어 올릴 언덕이 있고, 내려올 해안이 있는 운명에 미소 지었으리라.

나 또한 올라갈 언덕이 있고 내려올 해안이 있다. 매일 숙소를 떠나고 돌아오는 일을 되풀이하다 정겨운 길 하나를 찾았다. 어디에서 출발하든 하루 여정을 끝내고 숙소로 돌아가는 길, 떠나는 길이 아니라 떠난 곳으로 돌아오는 길이었다. 노곤한 몸이 쉬러 오는 길이다.

함께 달리던 붉은 태양이 수평선을 아래로 쑤욱 떨어진다. 그 잠시 동안 고요한 내면의 숨결을 느낀다. 골목길로 들어서면 창마다 불빛이 도란거린다. 점점 어둠으로 짙어지는 산, 암청색 하늘빛, 꽃향기가 짙어지는 마당. 구수한 밥 냄새로 아이를 부르는 엄마 목소리. 모든 경계가 지워지는 '개와 늑대의 시간'이다. 나른한 내 그림자를 끌고 돌아오는 길에 판단의 경계도 감정의 굴곡도 없다. 그냥 정겹고 따뜻하다.

밤이 먹물 빛 깃을 내린다. 오늘 내 하루를 제대로 지냈나보다. 이 편안한 저녁이 제주에 친밀감을 더해준다. 어쩌면 여행은 돌아오기 위해 멀리 떠나는 것일지도 모른다. 삶은 집으로 가는 긴 여정이라고 어느 현자가 말했던가.

트로이 전쟁의 승자인 오디세우스의 귀향길은 10년이었다. 물리적 거리는 짧았으나 그는 쉽게 돌아가지 못했다. 달려드는 적들을 물리치며 달콤한 유혹에 빠진 세월을 보내는 동안 영생불사의 신으로 살 수도 있었으나 인간으로서 집으로 가는 길을 택했다. 귀환의 길은 멀고도 험난했다. 그럴수록 기어이 돌아가야 하는 길, 영원의 집 이카타, 그는 가족이 있는 집에서 비로소 안식을 찾았다.

부모님이 말년에 간절하게 돌아가고 싶었던 곳이 집이다. 병상에 누워서도 늘 집에 가야한다고 했다. 엄마는 마지막 순간까지 '집에 가자. 걸어서라도 가자'고 요청했다. 그냥 늘 하는 말이거니 하고 흘려들었다. 그 말이 내가 들은 마지막 말이 되었다. 아버지는 주말이면 아들 등에 업혀 와 집에서 2박 3일을 지내곤 했다. 엄마가 먼저 떠나버린 빈집에서 일 년 남짓 그렇게 떠나고 돌아오기를 반복했다. 당신 집에서 마지막 길을 맞아야 편히 눈감으리라 믿으신 게다. 죽음 앞에서 더욱 그리워지는 곳, 죽을힘을 다해서 다가서고 싶은 곳, 집으로 가는 길.

내 고단한 인생길 끝내고 영원의 집으로 가는 길을 그려본다. 그 길은 차갑고 축축하고 스산하지 않기를 바란다. 도란도란 가족들의 말소리 들으며 구수한 밥 냄새 맡으며 나른한 눈 비비며 가는 길이면 좋겠다. 길게 늘인 산 그림자 아래 약간 노곤한 몸으로 누워가는 그런 길이면 더욱 좋겠다. 그 길 끝에는 환한 등불 하나 달린 쪽문이 있으리라. 그해 제주의 밤길처럼.

그해 봄. 제주에서 집으로 가는 발걸음은 가벼웠다. 파도에 덜미 잡혀 오는 일은 없으리라. 한라산 산자락 위로 노랗게 익어가는 초승달과 그 아래 샛별이 눈에 선하다.

엄마의 안개

바닷물에 몸을 담근 섬은 안개와 더불어 산다. 안개는 따뜻해지는 봄날에 출몰하여 여름날 절정을 이룬다. 골목 구석구석 스멀스멀 들어와 머무르다가는 슬그머니 꽁무니를 감춘다. 나타났나 하면 햇살에 쫓겨 가고, 사라졌나 하면 바람을 따라 다시 몰려온다.

잠시 머무는 안개는 선경을 만든다. 바다 건너 송도 쪽에서 보면 산등성이가 건장한 황소 등처럼 근육질로 꿈틀거린다. 안개가 피어오르면 근육질 황소가 앞발을 차면서 금방이라도 내달리는 형상을 만든다. 이 골짝 저 골짝으로 떠돌던 안개가 태종사 절집 마당에 이르러 여름날 수국꽃의 병풍이 된다. 그런 날 사람들은 꽃 주변을 서성이며 한여름 애잔한 감성을 펼쳐낸다.

오래 머무는 안개는 흔적을 남긴다. 바람 따라 흐르지 못하고 막히게 되면 되돌아서 사람을 공격한다. 옷장 속에서 집안 구석구석에서 곰팡이로 들어붙는다. 더 지독한 놈은 우리 마음속까지 비집고 들어와 인간관계를 좀먹는다. 편안하던 마음을 엉클어 놓고, 말을 믿지 못하게 하고, 사람의 존엄까지 대수롭지 않게 만든다.

엄마가 돌아가시기 전 몇 년 간 가족들은 안개에 갇힌 채 지냈다. 가족들은 엄마의 말을 이해하지 못하고 엄마는 가족들의 말을 받아들이지 못했다. 가족이라야 늘 곁에 있는 이는 지아비와 딸이다. 엄마는 부녀지간에 한편이 되어 자신을 공격한다며 화를 내곤 했다. 언제부터인가 말에 날이 서고 의심하는 말들을 시작했다. 갈수록 인지 능력이 떨어지고 성격마저 변해 갔다. 도무지 속을 알 수 없다.

이해할 수 없는 일들이 자주 일어난다. 오늘도 퇴근하고 돌아와 저녁을 하려고 냄비 뚜껑을 열었다. 아침에 남은 음식물들이 모조리 한 냄비에서 잡탕 찌개가 되어 있다. 빨래가 아무렇게나 널려 있고 가구들도 위치가 바뀌어 있다. 오늘도 엄마는 나의 말을 들어주지 않았다. 일부러 나를 곯려주려고 작정을 한 것 같다. 무슨 말을 해도 그 때뿐, 쇠귀에 경 읽기다. 뼈대만 남은 앙상한 엄마가 거인 골리앗으로 느껴지는 때이다. '어디에서 저런 힘이 나올까?'

내 인내심의 끝에 다다랐다. 밤마다 주문을 외듯 중얼거린다. 내일은 현관 비밀번호를 바꾸리라. 더 복잡하고 무의미한 숫자들로 조합해 보리라. 문이 열리지 않으면 엄마가 내 집에 들어와 내가 바라지 않는 일들로 큰소리 내는 일은 없으리라.

아침이 되면 생각은 다시 원점으로 돌아간다. 아직도 엄마의 기억 속에 남은 비밀번호 여섯 개, 그 숫자 조합이 딱 맞아떨어지면 익숙한 집안 풍경이 펼쳐지리라. 몇 십 년간 내 집 같이 드나들면서 손자들을 돌보고 자질구레한 집안일을 해 주며 딸이 직장 일에 전념하도록 내조를 해 왔다. 엄마의 손이 거치지 않은 곳이 없을 정도로 헌신한 평생의 직장이나 다름없다. 저녁이 될 때까지 노래를 듣고, 커피를 마시고 힘닿는 대로 집안일을 해 줄 수 있다. 엄마가 가족과 소통할 수 있는 몇 남지 않은 곳인 셈이다. 그러니 차마 못할 일이다. 내 가족들도 그래서는 안 된다고 한다. '바꾸자, 말자, 바꾸자, 안 된다….' 나는 실행하지도 못하면서 밤마다 같은 대사만 중얼거리는 어릿광대가 된다.

그 일은 곧 벌어질 일들의 서막에 불과했다. 한겨울 저녁에 경찰차를 타고 옛 동네에서 서성이는 엄마를 찾아온다. 길 건너 시장에서 옛날로 돌아가 버린 게다. 아파트 내 게시판에는 연일 음식물 쓰레기를 화단에 묻지 말라는 벽보가 붙는다. 변을 가리지 못하는 일도 생기고, 아들과 손자를 혼동한다. 복지사가 오면 반가운 마음은 잠시 '젊은 년이 왜 남의 집에 드나드냐'며 밀어낸다. 입원 중에는 간병사가 있건 말건 한밤중에 집에 가겠다고 소란을 피운다. 주간 보호센

터에도 적응하지 못하고 마지막 3개월을 요양원에서 지내다 생을 마감했다.

그런 일이 있은 다음 날엔 바다로 나갔다. '엄마의 진짜 속마음은 뭘까?' 모자란 척 태연하게 연기를 할 뿐이다. 바다가 답변해 줄까. '딸아, 그렇게 소리 지르지 마라. 냄비 속의 음식은 내장 속에서 다 섞여질 것, 냄비든 내장이든 뭐가 다르냐. 한 냄비 속에서 맵고 짜고 고소한 맛이 끓고 끓어서 마지막에 내는 맛, 나를 버리고 어울리는 맛, 인생의 참맛을 너는 아느냐. 개성이라 외치며 외로운 섬으로 사는 너희들이 어찌 어울림을 안다고 하느냐. 앞뒷집의 나물들을 버무려 어느 집의 맛도 아닌 온 동네의 맛을 내던 그 옛날 비빔밥처럼 살아라.' 방금 먹은 반찬도 기억 못하는 노망든 늙은이 말이라도 틀린 말은 아닐 터. 그 때가 진정한 삶이었다.

온전한 기억 같으면 당당하게 이리 말씀하셨으리라. '유머로 난처한 상황을 해결하던 젊은 날의 호방함은 어디로 갔을까. 모난 부분을 쓰다듬고 껴안으며 견딘 세월을 어디에 흘렸을까.' 배려의 대명사처럼 살아온 삶을 이제 기억 저편으로 놓아버리고 '괜찮아!'라는 한 마디만 남긴다.

"애야, 어느 집 잔칫날이더냐, 벚꽃들이 얼굴 맞대고 수런거리는 초대에 사람들이 바삐들 가고 있구나!" 바람도 없이 조용한 날, 벚꽃은 안개 끝에서 수줍게 고개를 내민다. "겨우내 기다려온 봄날이 왔다고? 어여쁜 꽃들이 참 좋다. 무거운 외투 없어도 춥지 않고, 안 먹어도 먹은 듯하니 아픈 데도 없다. 연분홍 치마를 봄바람에 휘날리며 저 꽃의 소리를 따라 어디든 갈 수 있겠구나. 그런데 천지 사방에 뿌연 안개가 가득하다. 모두 안개 속에 숨어버려 저기가 거긴지 분간할 수가 없구나. 난 어디로 가는 게냐."

바다는 꽉 다문 엄마의 뒷모습이 된다. 단호하다. 대기와 지면의 온도 차이가 안개를 만들듯 엄마는 끊임없이 안개를 뿜어낸다. 안개에 갇혀 세상 시간을 따라가지 못한다. 겨울 끝나 봄이 오고 여름 지나 가을 오는 돌고 도는 세상살이, 엄마의 남은 시간은 나선형으로 뱅글뱅글 돌다 종국엔 한 점으로 좁혀지는 고동 모양이다.

"그러나 딸아, 내게 귀 기울여 다오. 속에서 맴도는 생각이 말이 되어 떠오르지 못하니 아무도 애타는 내 속을 헤아리지 못한다. 내 옷을 탓하지 마라. 젊은 날의 옷은 내 몸을 우아하게 만들었지만, 늙은 날의 옷은 바람 막아 몸을 보호하면 그뿐이란다. 겨울날 황량한 들판에 선 나무들을 기억하라. 꽃 피고 무성한 청춘은 잠시, 저렇게 본질만 남은 채로 견디고 있는 세월이 더 길지 않느냐. 나 잠시 잎 떨구고 가벼운 겨울나무로 지내려 하니, 내 등을 떠밀려 하지 마라."

발치의 바다는 작은 포말로 끊임없이 흔들린다. 마음 저 밑바닥에 눌려 있던 뭔가가 목을 타고 솟구친다. 내 속에서 길을 잃고 피워내는 또 하나의 안개이다.

청학靑鶴2동 99번지

추석날이 전에 없이 쓸쓸하다. 오가는 발길도 오갈 데도 막혀버린 집안에 적막감이 감돈다. 일가붙이들을 살뜰하게 챙기던 부모님이 계실 적엔 명절날이 언제나 북적북적했건만 불과 몇 년 만에 집이 쇠락해가는 절간처럼 되었다. 옛 동네에서 나를 기억해주는 몇 분 어른들이 기억나 그분들께 문안 전화를 올렸다.

아직도 우리 가족을 기억하여 덕담을 해주는 어른들이 계신다. 그분들의 목소리가 다소나마 적막감을 달래주며 까마득하던 그곳으로 나를 불러들인다. 누구에게나 고향이 있고 특별할 것도 없다. 되돌아 추억할 일이 무어 있을까 생각 없이 지내왔는데 이번 추석에는 마음이 다르다. 명절 맛은 역시 사람이 북적거리는데 있다. 젊은 날엔 북적거림이 어서 끝나기만 바라며 이런 명절이 맞으리라 상상조차 못했다.

고향은 한 인간을 길러낸 자궁이다. 개인의 자아가 만들어지고 그 자아의 본성대로 오롯이 성장시켜주는 곳이다. 밝고 착하고 꾸밈없는 자연이 그곳 사람들을 심성 좋은 인간으로 만든다. 작은 도랑을 건너면 사시사철 빛이 달라지는 산과 올챙이 꼬물거리는 논물에 발을 담그던 시간을, 오래오래 대문 없이 오가는 소박한 이웃들을 만든다. 이들 속에서 각자가 태어나고 자란다.

비탈진 골목길로 올라서면 나지막한 돌담길, 탱자꽃과 편백나무 울타리에 둘러싸인 기와지붕이 나온다. 푸릇한 푸성귀와 수박과 참외가 자라는 텃밭이 보이고, 아이들의 함성이 피어오르는 양지 바른 모퉁이에 다다른다. 옥이, 순희, 금숙이, 혜란이, 봉순이, 그리고 진이가 선머슴들과 어울려 놀았다. 청학靑鶴2동 99번지, 영도가 학이양 날개를 펴고 있는 형상이라면 청학동은 학의 중심 몸통에 해당한다. 내 고향이기도 하면서 우리 모두의 고향이기도 한 곳이다.

우리 동네는 버스길에서 한참 올라와야 한다. 바닷가에서 산중턱까지 봉래산 한 면에 집들이 빼곡하게 들어앉은 큰 동네이지만 기억 속의 동네는 공터에 앉은 공동 수도를 사이에 두고 빙 둘러앉은 몇 집이다. 전쟁 이후에 떠돌던 피란민들이 어느 한 시기에 모여 들었지 싶다. 우리 집은 마루를 사이에 두고 방 네 칸이 마주 보고 있었고,

넓은 밭과 꽃밭이 있었는데 다른 집들도 크기와 모양이 고만고만했다.

큰고모네와 한집에서 살았다. 큰고모는 청상과부로 교사인 딸과 같이 지냈다. 저녁을 먹은 후 간식거리라도 있는 날엔 대청마루에 둘러앉았다. 아버지와 고모의 만주 이야기가 단골 메뉴였다. 할아버지 형제들의 독립운동과 무장 괴한들의 습격으로 집이 불타고 돌아가시던 날, 중국인들이 지극한 예우로 지낸 장례식에 다다르면 모두 눈을 적셨다. 중국인들의 인심을 잃지 않으려 조심했으나 때때로 뙤놈들을 골려 준 대목에서 웃고 삼팔선 부근의 강을 건널 때 칭얼거리던 아기들도 숨을 죽인다는 대목에서 침을 꼴깍 삼켰다. 그래도 노력한 만큼 밥은 먹고 살았으니 해방 후에 돌아온 고향 경북 청도의 생활보다는 나았다 한다. 아버지와 고모는 이야기로써 어린 나와 동생들에게 보지 못한 조상에 대한 자긍심을 뿌리내려 주었다.

가난한 시절이었다. 성당에 줄서서 옥수수와 우유 가루를 배급 받았다. 지금은 별식이지만 그때는 주식이었다. 아버지는 퇴근 후에 밭에 온갖 농사를 지었다. 밭에서 참외와 수박과 감자를 캘 즈음 금잔화 황금빛 향기가 마루까지 퍼져 올랐다. 올망졸망 매달린 감자를 찌고 국수를 삶아 평상에 차려 놓으면 동네 사람들이 모였다. 아침 수돗가에서 물동이 놓고 서로 아웅다웅하던 사람들은 저녁 뒷집 마당에 모여 함께 본 TV 드라마 '여로'를 자기만 본 것처럼 이야기했다.

아침에 싸우고 저녁에 속을 푸는 동네가 청학동이었다.

폐병쟁이 순이 엄마는 잘 삐쳐서 한 번씩 어울리지 못했다. 그런 날엔 담벼락에 귀를 바싹 붙이고 우리집에서 나오는 웃음소리를 들었다 한다. 어린 남매를 남겨둔 채 순이 엄마가 죽자 순이 아버지는 신작로 상여 앞에 퍼질러 앉아 목놓아 울었다. 아이들도 따라 엉엉 울었다. 몇 달 지나지 않아 순이 새엄마가 왔다는 소식이 날아들었다. 이상했다. '순이 아버지의 울음은 가짜였을까?' 대성통곡도 하고 새장가도 가는 게 삶이란 걸 어이 알았으랴. 할머니 손에 컸던 순이 남매는 나중에 신문 기자가 되고 소설가가 되었다.

내 친구 옥이는 칠공주의 막내였다. 동네에서 옥이네에게 싫은 소리를 할 사람은 없었다. 칠공주가 엄마 편을 들면 아무도 그 드센 기운을 감당할 재간이 없었다. 하나 뿐인 오빠가 당시 최고라던 K대 법대에 합격하자 목소리에 더 힘이 들었다. '오빠가 사법고시만 되면….' 가난한 집의 무지개였다. 그런 오빠가 착해 보이는 여자를 데리고 왔으나 가족들의 날선 기대를 감당하지 못해 떠나갔다. 나중에 다시 좋은 집안 여자를 만나 사법 고시는 접고 회사원으로 산다 했다. 옥이 집안도 그냥 평범한 학집이었다.

햇볕 따스한 날, 친척집에 얹혀 살던 혜란이는 무릎에 옷을 올려놓고 이를 잡았다. 아이들도 그대로 따라했다. 한 살 더 많은 금숙이는 심심한 겨울날이면 아이들을 불러 모아 화투치기를 했다. 셈이

빠른 금숙이가 늘 이겼는데 한편일 때 보면 좋은 화투장을 무릎 밑에 슬쩍 숨기곤 했다.

나무 울타리 아래서 이슬로 발을 적시며 공부를 하면 머리에 쏙쏙 잘 들어왔다. 중학교 첫 시험에서 우등상을 받았을 때 동네 어른들이 모두 칭찬해 주었다. 6원짜리 입석 버스를 타고 올 때 상장이 구겨질까 봐 조심조심했다. 학기 초 담임 선생님 가정 방문이 있던 때였다. 청학동 아이들을 위해 가정 방문을 오는 선생님은 없었다. 그래도 행여 선생님이 집을 못 찾을까 어두워질 때까지 버스 정류장에서 서성거리곤 했다.

퉁퉁한 얼굴이 덕성스러워 맏며느리감이라던 덕이 엄마, 아이들을 잘 윽박지르던 봉순이 할매, 의대 공부가 힘든지 머리가 살짝 이상해져서 실실 웃고 다니던 뒷집 오빠도 청학의 날갯짓으로 세상 한복판에 날아가고 싶은 사람들이었다.

6,70년대 가난한 나라의 가난한 동네에서 우직하게 살아내던 사람들. 밝고 선한 동네, 청학이란 이름으로 아침부터 부지런히 사는 사람들, 어디에 꾸밈과 계산이 있었으랴. 가난 속에서도 자식들에게 꿈을 전해 주려던 어른들이 아이들의 날갯짓에 무게 중심을 잡아주었으리라.

오늘따라 그이들이 그립다. 아마도 그땐 청학이 늘 푸른 울음을 울었으리라.

날고 싶은 나무

산 빛이 환하다. 지난 밤 산신께서 나뭇가지마다 천상의 등불을 달아놓으셨나. 빈 가지마다 새 잎을 늘여가며 어둡던 산에 화사한 연둣빛 축제를 벌이셨다. 진달래도 벚꽃도 지고 난 이즈음 고달픈 이 땅에 내려주신 축복이련가.

영도 사람은 봉래산에서 계절을 읽는다. 벚꽃이 분홍 허리띠를 두르며 산이 깨어나는 봄날 골짜기 제단마다 촛불을 밝히고 무탈한 한 해를 기원한다. 뻐꾸기 소리가 산 빛을 짙푸르게 하는 여름날 장성한 젊은이의 팔뚝 같이 단단해지는 삶을 느낀다. 가을은 오히려 수수하다. 중년의 고개를 넘어 조용히 늙어가는 여인의 치장 같아 자세히 보지 않으면 가을은 금방 지난다. 겨울은 할매의 눈빛 같이 따뜻하고 그윽하다. 산은 언제나 제 빛을 빛내며 영도 사람의 중심에 있다.

길마다 생명이 터져 나오는 이맘때 길을 돈다. 둘레길은 6km 남짓 영도 봉래산 허리를 따라 이어진다. 첫 발을 어디에서 떼어도 바다를 낀 오솔길이 이어진다. 길은 거칠고 아픈 과거의 숨결을 품어 산의 생명력으로 치유해준다. 원으로 돌면서 점차 바깥세상으로 확장해가는 꿈을 꾸게 한다. 모두 그 길을 지키고 선 나무 덕분이리라.

나무는 두 팔을 벋어 하늘로 날고 싶다. 훨훨 날아 근심 없는 천계에 오르고 싶지만, 뿌리가 땅속에 박혀 있다. 여름 내내 푸르게 가꾸고 가을날 붉게 익힌 제 소망을 하늘에 고해 보지만, 하늘은 늘 답이 없다. 겨울마다 하릴없는 제 꿈을 땅속으로 묻어 깊은 뿌리를 내린다. 봄이면 다시 잎을 피워 날고 싶은 나무가 된다.

이 섬의 나무는 진정 이 섬의 사람들이다. 이 섬의 나무는 하늘을 날고 싶다. 바다를 건너고 싶다. 그 숙명을 다독여준 이는 아씨할미이다. 제주성의 성주였던 할미는 자신의 성城을 무너뜨린 적장 최영 장군을 잊지 못하여, 제주도 바람을 거슬러 이곳까지 왔다. 장군이 신돈의 모함으로 이곳에 유배되었다는 소문을 따라 왔지만 헛걸음이었다. 대신 봉래산 높은 곳 바위에 꿈을 묻었다. 훗날 정발 장군의 꿈에 현몽하여 영도를 지키는 전설이 되리라 약속했다. 전설이 되어 영도의 푸른 젊은이들을 키워 육지로 보낸다. 육지에서 인생을 풍요롭게 펼쳐 보라 한다.

“아가, 이제 그만 내 곁을 떠나겠다고? 할미 치마폭이 좁아졌다는 게지. 내 평생 너를 품고 싶어 부디 물을 건너지 말라 일렀거늘. 그래도 어쩌랴. 네가 기어이 간다면 보내야지. 네 신발을 영도다리 아래에 던지고, 뒤돌아보지도 말고, 다시 안 올 길을 가듯 떠나라. 산제당 향불로 사루어온 네 정성을 생각하여 떠나기 전 저녁 한 상 차려 줄 테니 배불리 먹어라. 평생 시장 한 귀에서 생선과 푸성귀를 다듬어 온 내 손. 손금과 주름 마디마디 가득 배어 든 손맛을 잊지 말거라. 뭍에 살면 가끔 그리울 날도 있을 게야. 보거라. 기름진 생선과 고구마 밥상이 푸짐하구나. 굽이마다 소망을 비는 절집과 사당이 많고도 많다. 널 위한 촛불 한 자루 밝혀 두마.”

그렇게 영도 사람들이 하나둘 떠나가도 할미는 오늘도 산과 마을에 산다. 작은 조선소가 밀집한 대평동 깡깡이 마을 벽화로 우리 앞에 모습을 드러낸다. 스트리트 아티스트인 독일 작가 헨드릭 바이키르히가 12층 아파트 벽면에 ‘우리 모두의 어머니’로 현현시켰다. 그는 100여 일을 동네 주민들과 소통하며 할미다운 모델을 선정하고 5일간 뙤약볕에서 10시간씩 최소한의 물만으로 버티며 작업을 했다. 주름진 얼굴, 어두운 한 쪽 눈. 엉클어진 짧은 흰머리에 턱을 괴고 먼 곳을 바라본다. ‘집 떠난 자식 걱정에 주름이 더 깊어지셨나. 자식들 허물 덮느라 한쪽 눈마저 어두워지셨나. 멀리서 보고 가까이 가서

보고 또 봐도 영락없는 우리 엄마의 얼굴이다.'

길은 소망을 풀어내고 길 이름은 길을 걷는 이들의 소망을 묶는다. 봉래동 자락에서 시작한 걸음은 청학동, 신선동으로 이어진다. 봉황이 깃들기를 기다리던 땅 봉래동鳳來洞. 푸른 학이 노니는 청학동青鶴洞에서 진시황도 끝끝내 얻지 못했다던 불로초 향을 맡는다. 일본 통신사 조엄이 고구마를 가져 와 심었던 조내기 마을을 지나고 이순신 장군의 신발 한 짝이 남아 바위가 된 장사 바위에서 아이들의 꿈을 읽는다. 장군의 위엄에 눌린 왜군의 깃발이 쫙 엎디었다는 길 와치로臥幟路에서 간절했을 승리의 함성을 본다. 골짜기를 휘도는 푸른 바람에 잠시 선계仙界를 탐하며 계단을 오르락내리락한다.

동네 이름에 얽힌 이야기 속에 선대들의 꿈이 들어있다. 봉황을 바라고 푸른 학을 바라면 척박한 삶도 휘휘 이겨내는 날개를 달까. 그래서일까. 이 길을 빛나게 하는 건 길 따라 해풍을 맞고 있는 나무들이다. 영도의 아들딸들이 봉황이 되고 푸른 학이 되어 큰 날갯짓으로 섬 밖의 세상으로, 하늘로 오르기를 염원하는 나무들이다. 길을 지키는 나무들의 간절함이 있었기에 나 또한 젊은 날 너른 세상으로의 비상을 꿈꾸지 않았을까. 오늘의 젊은이들에게 희망의 서사를 심어 준다.

구름과 안개비가 산 어깨를 적시는 날 나무의 꿈은 더욱 간절하다. 그 꿈 이야기에 취하고자 다시 고요한 이 길을 걷는다. 돌고 돌다 보면 아픈 것들을 날리고 날고 싶은 꿈을 해마다 더해주는 나무들, 늙은 나무의 꿈이 누구라도 푸근하게 안아준다.

이제 영도의 둘레길에 이야기 하나 더하는 한 그루 나무가 되고 싶다.

봉래산 아씨할미

영도 봉래산 정상에 할미가 산다. 앉은뱅이 바위가 되어 가까이에 자봉子峰과 손봉孫峰을 거느리며 일가를 이루었다. 바다를 다스리랴, 산 중턱까지 치오른 집들을 품으랴 할미의 허리뼈가 다 내려앉았다. 그래도 내어줄 품이 아직도 남은 양 산 빛은 해마다 푸르러 간다.

가쁜 숨을 몰아쉬며 바위 앞에 섰다. 영도 사람들은 문안 인사를 올린다. 앉은뱅이 할미 앞에서 그냥 아들이 되고 손자가 된다. 오늘은 또 누가 쓴 입맛 다시라고 과자와 사탕을 두었다. 나는 두 팔을 벌려 바위를 끌어안는다. 엉덩이 힘에 의지해 겨우 앉아 있던 외할매가 생각난다. 손바닥에 보드라운 엄마의 살결이 닿는다. 할미, 외할매, 엄마. 나직이 불러본다.

신선동 쪽으로 내려오니 중턱쯤에 산제당이 보인다. 산에 제사지내는 집이니 산신당이려니 했다. 울긋불긋한 천이 날리고 초의 향이 어지러워 그냥 지나쳤는데 그날은 왠지 발길이 끌렸다. 붉은 솟을대문으로 들어서니, 아씨당이 있고 아씨할미의 영정이 환히 빛난다. 두 노비를 양쪽 날개처럼 거느리고 쪽진 머리에 한복 차림새가 단아하다. 설화에서 상상했던 매서운 위엄과 달리 눈매가 부드럽다. 아씨당이 산신당보다 큰 걸 보니 산제당은 할미의 집인가 보다.

영정 앞에서 늙수레한 아낙네 몇이 치성을 올린다. 제 몸을 사르는 촛불만큼이나 그들의 염원도 간절해 보인다. 설화 속의 할미가 자신의 삶을 관장하리라 믿으며 연신 허리를 굽힌다. 그 기운에 이끌려 나도 두 손을 모은 채 할미를 올려다본다. 영도 사람을 쥐락펴락한다는 할미. 근심을 모두 털어내라 한다. '할미, 할미 우리 엄마 좀 보듬어 주소.' 나도 모르게 중얼거린다. 처음 본 할미 앞에서 엄마 생각이 나며 가슴 한 쪽이 아릿해왔다.

영도는 아씨할미의 섬이다. 조선 시대 나라님께 진상할 말을 기른 곳이다. 말이 어찌나 빠른지 그림자가 물에 비치지 않아 지어진 이름 절영도絕影島. 고려 말에 제주도 성주였다는 아씨가 자신의 성을 몰락시킨 최영 장군을 사모하여 여기까지 왔다. 할미는 사랑을 찾아 험한 바닷길을 건너 온 정열적이고 억척스런 여인이다. 사랑을 이루지는 못했지만, 정발 장군의 꿈에 현몽하여 말을 살찌우는 비책을 알려 주면서 영도 수호신이 되었다.

내가 네 살 되던 해, 우리 엄마는 가난한 지아비의 손에 이끌려 아씨할미의 딸이 되었다. 젊은 엄마의 손은 쉴 틈이 없었다. 잠결에도 눈을 뜨면, 엄마의 꼿꼿한 몸에는 손만 보였다. 옷이나 가방 같은 것을 받아와서 틈틈이 수를 놓았는데 바늘을 잡은 손이 설화 속의 말처럼 빨랐다. 엄마가 흥얼거리는 노랫소리도 손끝에서 흘러나왔다. 낮에도 동네의 젊은 엄마들은 집집이 모여 앉아 그런 일들을 하면서 살림을 키워냈다. 섬을 지켜내려는 할미의 염원이었을까. 삶은 힘들어도 엄마들의 웃음소리가 담장 밖으로 넘쳐 났다.

아이들은 골목길에서 젊은 엄마들의 억척스런 웃음소리를 들으며 컸다. 그림자가 어둠에 묻힐 때쯤 등짝을 때리는 엄마들의 목소리에 이끌려 집으로 가곤 했다.

결혼을 해서 떠났던 딸들이 아이가 생기자 영도로 돌아왔다. 내 친구들도 그랬고 나도 그랬다. 살 집도 없고, 손자들의 교육을 배려하는 시어른들의 말씀이 귓등을 때려도 그냥 오고 싶었다. 엄마라는 든든한 울타리와 무언지 모를 손이 나를 이끄는 것 같았다. 친정을 중심으로 거미줄 치듯 집을 옮겨 다녔다. 딸 아들을 맡겨 놓고도 볼 일을 다 보고 다니는 딸에게 엄마는 '괜찮아'라는 말을 달고 살았다.

아이들이 크고 살림살이가 좀 펴지면 또 어김없이 더 나은 동네로 갔다. 이사 갈 때는 할미가 섭섭지 않도록 영도다리 아래 가장의 신발을 던진다. 망해서 돌아오지 않도록 각오를 단단히 하라는 메시지였으리라. 그런 의식을 행하며 친구도 떠났고, 남동생들도 떠났다. 젖과 꿀이 흐른다는 젊은 땅을 찾아 나갔다.

우리도 가자. 몇 번이나 궁둥이를 들썩거리다 말았다. 사업을 하는 사람이 타지로 나가면 망한다는 속설에 걸려서 그런 건 아니었다. 내가 놀던 골목길에서 아이들이 건강하게 자라고, 부모님이 계시고, 50년이나 생선을 팔았는데 명품을 모르겠냐며 당당하게 말하는 할매들이 있다. 신선동, 영선동, 봉래동, 청학동 등 별세계의 이름을 단 동네와 푸른 바다로 이어지는 둘레길이 펼쳐진다. 내 마음 속에 이 땅의 매력을 시나브로 불려 나갔다.

그냥 살자. 명치끝에 걸려 있던 게 쑥 내려간다. 50년 이상을 영도 토박이로 살았으니 나도 할미의 딸이다. 젊디젊던 엄마도 이제 앉은뱅이 할미가 되어, 제삿날에 보는 작은아들을 당신 손으로 키운 외손자 이름으로 부른다. 이제 내가 '괜찮아'하며 엄마의 손을 잡아야 할 때이다. 할미가 영도를 살린 것처럼, 엄마가 나를 키운 것처럼, 엄마가 내 아이들을 키운 것처럼. 마음뿐 자식이 어찌 부모를 보듬으랴. 자식은 제 욕심에 부모는 자식 욕심에 대화는 늘 엇박자로 나간다.

엄마의 웃음소리가 춤을 춘다. 당신 며느리들이 차린 할아버지 제사 음식상 앞이다. 자식들 젓가락질에 장단 맞추듯 엉덩이도 들썩인다. 얼마 만인가. 처음 맛보는 음식인 양 이것저것 우리 앞으로 밀어 놓는다. 엄마의 눈빛과 마주한 순간 내 젓가락이 잠시 주춤거린다.

엄마의 눈가가 젖어 있다. 젖은 눈 안으로 봉래산 아씨할미의 눈빛이 겹쳐온다.

"괜찮아, 할미 품이 아직도 넓단다."

기운 보름달빛에 산 빛이 여물어진다. 나도 저 산을 오르내리며 아씨할미처럼, 외할매처럼, 우리 엄마처럼 봉래산 높은 곳에서 굽어보는 앉은뱅이 할미가 되어 가리라.

장터 할매

늙을수록 빛나는 사람들이 있다. 평생을 한 가지 일에 매달린 끝에 자신만의 영역을 갖게 된 사람들이다. 남들이 그 일을 알아주는 것도 아니요, 부러움을 사는 경우는 더더욱 없다. 누가 어찌 생각하든 그들은 자신의 노동에 자부심을 갖고 힘닿는 데까지 계속한다. 그런 사람 중의 하나가 재래시장을 지키는 할매들이다.

장터 할매는 낡은 의자 하나에 몸을 의지한 채 생선을 손질하고 쪽파를 다듬는다. 망설임 없이 단번에 생선을 손질해 내는 칼질과 흙 한 톨 없이 깨끗하게 쪽파를 다듬는 손놀림은 장인과 같다. 손등이 곱아지고 주름지면 어떠랴. 그 손가락 끝 갈라진 굳은살은 연륜의 더께이며, 거침없이 칼을 휘두르는 손목에는 장정도 이기지 못할 힘이 있다. 그들은 얇은 지갑을 서슴없이 열게 하는 고수高手들이며, 딱히 예정에 없던 것도 사도록 추임새 잘 넣는 고수鼓手들이다.

재래시장을 드나들게 된 건 퇴직 이후부터이다. 진짜 삶이 궁금했다. 사람 사는 게 별 다를 게 있으랴마는 뱃속을 훤하게 갈라놓고 드러누운 삶의 민낯을 보고 싶었다. 땀 냄새와 비린내 속에 살아 있는 삶, 보이는 그대로가 진짜인 삶을 찾고 싶었다. 그 속에는 면면히 우리 삶을 이끌어가는 어떤 힘이 있으리라.

재래시장은 혼자 다니기 좋고, 내 맘 가는 대로 다닐 수 있어 더욱 좋다. 구경만 해도 좋은 푸른 물 뚝뚝 듣는 삶이 지천에 펼쳐 있다. 어슬렁거리다가 파 한 줌만 사기도 하고, 어느 날엔 예정에도 없던 찬거리를 잔뜩 사들고 온다. 싱싱한 부식거리를 욕심껏 담아도 기껏 두 손으로 들 수 있는 양이니 지갑 속을 염려할 일 없다. 가게 앞을 슬슬 지나가며 눈요기할 수 있으니 가게 문 열고 들어가 주인장의 눈치를 봐야하는 부담이 없다. 어깨를 좁히며 사람들 틈에 끼어 든다. 북적거림이 좋다. 고소한 주전부리 한 입 베어 물고 보면 네 얼굴이 내 얼굴이 된다. 낯선 이가 말없이 내 입술에 묻은 기름기를 쓰윽 닦아주어도 고마워할 것 같다.

해거름 무렵 동네 시장은 잔칫집처럼 흥청거린다. 확성기의 걸쭉한 트럭 아저씨 목소리가 사람들을 부르고, 소쿠리 몇 개가 전부인 난전상의 아줌마도 바쁘게 소쿠리를 비워낸다. 싱싱하고 싼 물건을 탐색하느라 주부들의 눈이 바쁘게 움직인다. 누구에게나 하루의 삶이 공평하게 저물어간다. 일 바지를 입은 이나 밍크 외투를 걸친 이나 모두 검은 비닐봉지 한 장에다 그들의 저녁을 채워간다. 잔칫집의 객들이 누구나 돼지고기 몇 점과 막걸리 몇 사발이면 기분 좋은 여흥에 젖어 들 듯.

시장을 오가며 내가 좋아하게 된 사람은 할매들이다. 우리 동네 시장에는 국수나 고구마, 어묵처럼 소박한 재료를 명품으로 둔갑시킨 고수도 많고, 인터넷을 뜨겁게 달군 생선회 달인도 있다. 먹을거리를 푸지게 쌓아놓고 손님을 살갑게 맞이해주는 번듯한 가게 아지매도 좋다. 그러나, 담벼락 밑 그늘진 좌판에 앉은 할매들이 진정한 시장을 만든다. 가게 사이의 좁은 틈에서 움직일 때마다 낡은 관절이 부딪는 소리가 '뚝뚝'거려도 '죽으면 썩어질 몸, 놀면 뭐할끼고!'하신다. 그날그날 물거리 좋은 생선 종류 몇 가지, 직접 키운 채소 몇 소쿠리, 손수 만든 밑반찬 몇 가지만으로 한 자리를 굳게 지킨다. 그것만 다 팔면 그만이다. 더한 욕심은 없어 보인다. 겉불도 없이 겹겹이 껴입은 옷만으로 한겨울 시린 바람에 맞선다. 옹기종기 둘러앉아 함께 나누는 소박한 점심 한 상으로 외식을 했으니 그것이면 족하다며 싱긋 웃으신다.

할매들 앞에 서면 나는 작아진다. 좌판 앞에 설 때는 돈을 쥔 내가 '갑'인줄 알았는데, 물건을 가져갈 때쯤엔 '을'이 되어버린다. 생선

전 할매가 오늘은 비싸니 좀 적게 먹으라며 야박하게 내밀어도, 쌀때 많이 주겠다는 말에 군말 없이 '예'하며 돈부터 꺼내든다. 채소할매는 내가 고른 채소에 깐 파나 마늘을 한 움큼씩 덤으로 넣어주고, 젓갈 할매는 단돈 천 원에도 장아찌를 퍼준다. 사람 사는 냄새가 난다. 그 냄새에 나는 저절로 고개를 조아린다

이런 할매들도 까칠할 때는 인정사정이 없다. 언감생심 할매의 권위에 의심을 품었다간 거친 말 들을 각오를 해야 한다. 지난겨울에는 집안일로 김장때를 놓쳤다. 해를 넘기고 1월이 되어서야 김장할 여유가 생겼다. 절임 배추를 구하러 온 시장을 다 돌았지만 마음에 드는 게 없었다. 딱 한 군데 있기는 했다. 드럼통에 한가득 쟁여놓은 할매네 절임 배추였다. 건네주는 배추 맛을 보고, 몇 마디 물어보고, 좀 비싸다 싶어 둘러보고 오겠다며 돌아섰다. 두세 발짝이나 옮겼을까.

"오든지 말든지…. "

뒤통수를 찌르는 한 마디가 날아왔다. 힐끗 돌아보니 배추 맛도 모르니 어쩌니 하며, 옆집 해물전 할매에게 내 흉을 보고 있었다. 속이 부글거렸지만 어찌하랴. 시장을 몇 바퀴나 돌아보아도 그만한 것이 없었다. 그날 내 오기도 절임 배추 신세가 되었다.

절임 배추가 되면 또 어떠랴. 배추는 소금에 절고 숨이 죽어야 김치가 된다. 살림을 얼마나 했는데도 아직 기본도 모른다. 적은 양념

으로 재료의 맛을 살려내는 법이나 재료에 간이 밸 때까지 느긋하게 기다리는 것도 할매들께 배운다. 아무렇게나 쓰던 겨울 무나 대파를 고르는 법 같은 소소한 것도 새로 배운다. 요리란 더하는 것만이 능사가 아니라, 주어진 재료를 잘 살려 쓰는 제 솜씨에 있다고 할매들이 말씀하신다. 그렇게 귀동냥해서 익힌 솜씨가 나아지긴 했는지, 입맛 까다로운 아들이 주말마다 제 걸음으로 찾아온다.

이들은 시장의 터줏대감이며, 인생의 달인들이다.

사는 게 답답해지면 시장을 슬슬 돌며 인생 고수들의 멋진 손놀림을 볼 일이다.

제5부
한 번만이라도

선인장 호텔

창밖에 싯누런 땅덩이가 끝없이 펼쳐진다. 이어 땅덩이를 감싸 안은 붉은 바위산이 보이는가 하는데 금방 바퀴가 바닥에 닿는 충격이 온다. 종착지 투산이다. '황야의 무법자'라는 서부 영화에서 보던 땅으로 미국 애리조나 주의 주도이다. L.A에서 손짓 발짓으로 비행기를 환승해가며 드디어, 제대로 도착했다.

비행기에서 내리자 후끈 달아오른 땅의 열기가 덮친다. 길가 돌무더기 언덕 위에 삼지창 선인장이 드문드문하고 나무들은 축 늘어진 채 태양과 사투 중이다. 건물은 땅에 바짝 엎드린 벙커처럼 보인다. 이 땅에는 오직 한 가지 색채만이 존재하는가 보다. 집도, 나무도, 사람도 누런 흙먼지로 푸석거리는 황무지이다. 황량한 풍경이 몹시

낯설다. '그냥 관광차 나선 길이라면 색다른 풍경에 마음이 설레었을까.'

딸애가 이 땅에 유학을 왔다. 학비를 지원해 주는 대학의 언어학과에 재학 중이다. 혼자 도착해서 큰 짐과 씨름하며 맞닥뜨린 첫 인상이 이러했을 거라 생각하니 가슴이 아릿해왔다. 어떻게 첫날밤을 보냈을까. 못 가게 말릴 걸. 눈물을 닦던 딸의 뒷모습에 가족들은 한동안 잠을 설쳤다.

한 달 간의 출장길. 딸에게 힘을 주라는 남편에 등 떠밀려 왔다. 선심 쓰듯 이 땅의 나무가 되고 선인장이 되어 지내다 오란다, 딸과 함께. 초행길에 혼자 환승까지 해야 하니 초긴장 상태이다. 혹시 모를 실수에 대비해 환승 시간을 길게 잡았더니 길이 더 멀다. 그나마 딸을 만나고 저 붉은 바위산 줄기에서 무언가를 만나리라는 기대감으로 한 발 한 발 내딛었다. 걱정과 달리 딸은 건강했다.

성채처럼 도시를 빙 두른 바위산을 'Red Hills'라 불렀다. 어느 방향에서나 잘 보이니 도시의 수호자 같다. 집을 드나들 때마다 생명체 하나 없을 것 같은 산이 눈길을 잡는다. 한동안 준비해 간 재료로 밥을 해 먹고 동네를 돌아다니고 학교에 따라갔다. 교정을 활보하는 젊은이들, 흑인과 백인, 황인과 아랍인, 히스패닉 색색의 젊은 피부가 꽃이 되어 황무지를 밝힌다. 조용하기만 하던 동네에 사람 소리가 들린다. 이른 아침 카페에 가면 사람을 본다. 혼자서 조용히 신문을 보거나 커피를 마시다가, 빵을 사서 돌아서는 사람들, 그들의 시선 끝에 늘 붉은 산이 걸려 있다.

빵이나 달걀말이, 닭튀김 등을 앞에 두고 시시콜콜한 이야기로 아침을 나눈다. 시끌벅적하다 싶어 돌아보면 음식을 주문하며 점원과 나누는 인사말이다. 반갑고 경쾌하다. 옷 입은 위에 등 긁어주는 듯한 인사라도 매일 반갑게 나누다 보면 친해지는 법. '밤 동안의 단절을 겉치레 인정으로라도 메우고 싶은 걸까.' 활짝 웃는 얼굴 뒤에 외로움이 겹친다. 지켜보던 우리도 곧 붐비는 아침 식당을 찾아다니기 시작했다. 사람을 외롭게 만드는 땅. 시끌벅적한 소리가 그리웠다. 그들의 체취가 뭉클하게 밴 허름한 의자에 앉아 그들처럼 붉은 산을 바라보곤 했다.

레몬산. 동네 사람들이 좋아하는 뒷산이다. 말이 뒷산이지 차로 1시간 이상, 아열대 기후에도 정상에는 스키장이 있다는 높은 산이다. 부자들은 레몬산에 집을 지어 산을 정원으로 삼거나 뒷마당으로 들여놓고 산다. 서민들은 먼발치에서 바라만 보다가 그리움이 턱까지 차오르면 산으로 달려간다. 남들의 사생활에 간여하지 않는 그들의 깔끔함도 어딘가 풀어낼 곳이 필요한가 보다. 그래서 이름도 레몬산일까.

산발치로 들어서자 사구아로(Saguaro) 선인장이 우뚝우뚝하다. 삼지창 우람한 기둥들이 계속 이어지더니 몇 백만인지 몇 천만인지 헤아릴 수 없는 거대한 군락지가 나타난다. 산에서 푸른 잎 달린 나무 숲이 아니라 가시 숭숭한 선인장 숲을 만나다니. 낯섦이 주는 경이로움에 몸이 떨렸다. 잎 하나 달지 않은 맨몸으로 뜨거운 태양을 오롯이 받아낸다. '바위와 모래뿐인 산에서 저런 몸뚱이가 될 때까지 얼마나 모진 세월을 보냈을까.' 75년쯤 지나 삼지창이 나오기 시작하여 8톤의 거구로 자란다. 200년 수명을 다하면 뼈대만 남은 채 서 있다 모래로 사라진다.

가만히 보니 굵은 나무의 몸피마다 구멍이 숭숭 뚫려 있다. 새와 곤충이 서식하는 곳으로 이곳 사람들은 그 구멍을 '선인장 호텔'이라 부른다. 발치에는 잡초가 기대어 산다. 젊어서는 땅을 살리고 늙어서는 생물에게 제 몸을 내어주는 선인장. 기우는 햇살을 받으며 뿜어내는 기운이 외경스럽다. 가슴속이 들썩이더니 목이 뜨거워진다. 딸애가 가만히 손을 잡아준다. '엄마, 나도 그랬어.' 사구아로 앞에서 울 수 있는 땅이구나. 땅을 살리고 새와 곤충을 품어주고 인간을 울 수 있게 하는 숭고한 사구아로, 황무지의 수호자이며 황무지를 살리는 거룩한 성자이다.

좀 더 올라가자 시가지가 거대한 푸른 초원으로 빛난다. 사구아로 사이사이에 집들이 포근히 안겨 있다. 첫눈에 보던 황무지나 돌무덤이 아니다. 한결 순해진 저녁 햇살을 받은 도시가 평온하다. 석양빛이 서서히 번져가더니 온 하늘이 벌겋게 달아오른다. 붉은 하늘이 온 도시를 감싸 어디가 하늘이고 땅인지 가늠할 수 없다. 황무지 선인장 위로 내려앉는 붉디붉은 노을을 보노라니 장엄함에 오히려 마음이 처연해진다. 이 동네 누군가는 저녁노을을 못 견뎌 도시를 떠난다고들 한다. 거뭇거뭇한 어둠 속으로 선인장이 잠겨 들 때까지 딸애를 꼭 안고 있었다.

밤 산이 낮보다 밝다. 한밤중이 되자 차량이 늘어난다. 소곤소곤 말소리가 들리더니 산속 어딘가로 흩어졌다. 유학생들도 마음이 울울할 때마다 여기에 와서 속내를 털어놓는다. 너럭바위에 누워 소리를 지르고 노래도 부른다. 천문대가 있다더니 별빛이 한결 또렷하다. 저 멀리 시가지에 색색의 불빛이 거대한 띠를 이루며 일렁인다. 보석 같은 땅의 별이다. 하늘의 별빛이 아이들의 눈물을 닦아주고, 땅의 별빛이 한숨을 날려준다.

첫눈에 보이는 게 실체가 아니다. 그 후로 오랫동안 사구아로를 마음에 품게 되었다. 첫눈에 싫다 하여 미련 없이 흘려보낸 알맹이가 얼마나 될까. '첫눈에 좋다 하여 덥석 붙잡아버린 쭉정이가 얼마나 많을까?' 백내장 안개 낀 눈으로 지나온 세상길이다.

도시가 살아난다. 어제까지만 해도 플라스틱 조형물 같고 돌무덤인 것만 같던 산줄기가 숨을 쉰다. 미국인들이 노년에 살고 싶은 도시 1위라는 말이 와 닿는다. 도시 처처가 거룩한 선인장 호텔이다.

미국 서부 황무지를 달리다

땅의 배꼽을 달린다. 땅 끝에는 산들이 올망졸망 어깨 맞대어 담장인 양 둘려 있다. 산 어깨 위로 반구半球의 하늘이 내려앉았다. 어느 쪽으로 뱅뱅이를 돌아 봐도 지구 한가운데로 통하는 길이다. 시야가 확 트인 광대한 황무지 길을 따라 달린다.

우리 고속도로에서는 보지 못하던 광경이다. 양쪽 차선 가득 바삐 달리는 차량 행렬과 빼곡한 빌딩 사이로 난 길을 달릴 때면 목적지까지의 거리만 보일 뿐이다. 탁 트인 시원한 느낌이 없었다. 속도의 경쟁만 있을 뿐 그 어디에서도 인간이 보이지 않았다.

십여 일의 일정을 잡아 미국 서부 지역으로 자동차 여행 중이다. 표지판을 따라 달리는 시원한 길이라 어렵지 않게 여행할 수 있다는 말을 믿고 나섰다. 투산에서 세도나, 그랜드캐년을 거쳐 라스베가스와 요세미티 국립공원, 샌프란시스코까지 거침없이 달려볼 생각이다. 딸애와 출발한 지 이틀째 저녁이다. 이제 라스베가스 시가의 화려한 불빛이 반짝거릴 때가 되었다.

어느 해 1월 이집트 바하레야 지역 백사막에서 야영을 한 적이 있다. 종일 울퉁불퉁한 사막길을 달려 저녁이 되어서야 목적지에 닿았다. 흰 석회산 뒤로 노을이 졌다. 이쪽에서 저쪽 끝까지 온 하늘을 물들인 순수하고도 장엄한 붉은 빛이다. 손발이 묶인 것처럼 한참을 그대로 서 있었다. 천막을 치고 일행들과 모닥불 가에 둘러앉았다. 시간이 얼마나 흘렀을까. 달이 지고 별이 점차 높아졌다. 땅 한가운데 앉아 천체의 비밀스런 운행을 훔쳐보는 밤, 누가 일러주지 않아도 내가 지구의 자전축이고 중심이 되는 순간임을 직감했다. 날이 밝자 우리의 체험을 축하하듯 하얀 사막여우 한 마리가 아침 인사를 왔다.

서부 황무지를 달리는 매 순간 그날 밤의 체험이 되살아났다. 이 황무지 길에서도 그날처럼 우리가 땅의 중심에 있다. 어디에 있든 누구이든 제가 선 곳이 중심이 되고 어디에서 출발하든 다시 원점으로 돌아온다. 황무지의 탁 트인 공간이 사람에게 제대로 된 대접을 해준다. 아마도 지구가 완벽한 구형球形이라서 가능한 일일 터이다. 그러고 보면 구형은 인간에게 자존감을 심어준 신의 완벽한 창조물이 아닐까 하는 생각이 들었다.

첫 방문지, 세도나에서 1박을 했다. 땅에서 솟아나는 '볼텍스'라는 강한 기운이 있어 명상과 요가를 하며 치유하는 땅이며 인디언들의 성지이다. 위엄 가득한 땅 울긋불긋한 너럭바위 위에 명상 자세를 잡고 앉았다. '지기地氣는 전기처럼 찌릿찌릿할까? 사람을 감싸는 포근한 기운일까?' 강한 기운을 견디지 못한 나무와 풀이 시들시들하다. 기암괴석 사이로 누런 풀과 땅 사이로 집들이 납작 엎드려 있다. 따뜻한 기후 덕에 은퇴 후 살고 싶은 도시라더니 집들도 풍경의 일부가 된다. 식당 옆자리에 앉은 미국인 부부가 구석구석 숨은 비경을 안내해준다. 좁다란 언덕 위에 위태하게 선 세도나 성당에서 이 여행길이 순조롭게 열리기를, 내 삶에 중심이 되는 길 하나 열게 되기를 기도했다.

그랜드캐년까지 잘 달렸다. 굽이굽이 돌 때마다 펼쳐지는 색다른 풍경에 잠시도 눈을 뗄 수가 없다. 깜깜한 극장 안에 갑자기 들어설 때처럼 처음에는 사막도 바위도 하나의 색채밖에 없었다. 구름을 따라 달리다보니 땅은 땅대로, 바위는 바위대로, 풀은 풀대로 빛을 발한다. 휑하니 빈 길은 그 자체로 가득하고, 단순하면서도 다채롭다. 헬기를 타고 그랜드캐년의 장엄한 계곡을 보았다. 뜨거운 태양과 바람과 물이 만든 땅. 인간조차도 오롯이 이 땅을 위해 존재하는 것 같다.

라스베가스를 향해 엑셀레이터를 밟아댄다. 그랜드캐년 주차장에 앉아 김치와 멸치 김밥으로 점심을 먹고 출발한 지 한참 지났다. 달릴수록 길이 자란다. 산모퉁이를 돌면 또 새로운 길. 저 앞 아득하던 붉은 산줄기가 점점 부풀어 오르다가 다시 뒤로 밀려나기를 수없이 반복한다. 길, 길, 또 길. 길은 제 꼬리를 잘라먹고 몸통을 죽죽 늘여대다가 다시 새 꼬리를 뽑아내는 도마뱀이다. 질기고 질긴 길의 생명력. 모래와 돌 사이 드문드문 서 있는 잡목과 풀이 생명의 땅임을 알려준다. 우리는 벌써 네 시간째 같은 길을 맴도는 기분이다. 산등성이에 눈곱만큼 달려있던 석양도 사라졌다.

길은 음흉스럽다. 접고 펼치기를 반복하면서도 그 끝을 보여주지 않는다. 영화에서처럼 시커먼 동굴 같은 길로 황야의 무법자가 들이닥칠 것 같다. 아까부터 살갗 위로 스멀스멀 기어오르는 어둠이 금방이라도 심장을 파고 들 것 같다. 마른침 삼키는 소리만 들린다. 불빛은 언제쯤 나타나려나.

자동차로 완주하지는 못했다. 라스베가스에서 머무는 동안 요세미티 공원에 산불이 났다는 뉴스를 듣고 미련 없이 차를 돌렸다. '팜스프링스'에 들러 하루를 묵었다. 사막 한가운데 자리한 노천 온천탕이다. 팔월 보름달은 지구 반대편에서도 여전히 밝고 부드럽다. 따뜻한 탕에 앉아 발바닥으로 어른거리는 달을 치며 놀았다. 딸애의 웃음소리에 달은 오뚝이처럼 다시 그 자리로 돌아오곤 한다. 딸애는 이

번 여행에서 가장 편안한 순간이라고 한다. 힘든 유학 생활을 위로 해준다는 내 걱정은 기우에 지나지 않았다. 딸애는 스스로 아물고 굳은살로 단단해졌다. 이 여행길을 이끌어주는 보호자 노릇을 한다. 절반의 성공도 시도한 만큼 성공한 일이다.

귀갓길은 더 멀다. 홍수로 일부 길이 폐쇄되어 먼 길을 돌아야 했고, 세찬 비는 사막을 삽시간에 바다로 만들었다. 황무지 길을 다시 달린다. 길은 여전히 땅의 중심에 있다. 그 길은 나를 한없이 작아지게도 커지게도 하고 그 끝에서 달콤함도 주었다. 출발 때보다는 좀 더 편안해지고 우뚝 선 기분이다. 잘 정비된 길에서 앞선 차를 따라 달리던 때는 몰랐던 감정이다.

이 황무지 길에서 미처 알아차리지 못한 우리 내면의 미개척지를 발견해내기를, 그 길에서 중심과 평형을 찾아내는 혜안이 열리기를, 그 길이 너무 길지 않기를 기도하며 가속 페달을 깊이 밟는다.

한 번만이라도

온전한 내 것 하나 만들자. 더 늦기 전에 오롯이 내 힘으로 한 번 해내자. '그리 대단한 일도 아닌데 매번 남의 경험담에 부러운 감탄사만 보내며 살 일인가.'

'누구나 다 처음부터 시작했을 일, 까짓 일, 나라고 못해낼쏘냐.' 두려움과 걱정만 떨쳐 버리면 의외로 술술 풀어나갈 수 있을 게다. 이미 준비에 들어가고도 이건 너무 힘든 일이야, 아니 일단 저지르고 보자는 두 마음 길을 왔다 갔다 했다. 그래 이미 시작한 일, 나는 기어이 해내겠다고 동네방네 외고 다니며 내 안에 기를 모았다.

작년 봄 보름 동안의 동유럽 자유 여행길은 그렇게 시작되었다. 동유럽은 작은 나라가 이마를 맞대고 있어 이동이 쉽고 문화도 비슷하다. 초보인 나도 해낼 수 있으리라. 4개국 8개 도시를 돌기로 했다. 베를린에서 시작하여 체코와 오스트리아 몇 개 도시, 헝가리 부다페스트를 돌아 빈에서 나오는 'L'자형 여정을 만들었다.

외국 자유 여행 경험이 없는 건 아니다. 가족들과 딸과 때론 친구와 몇 나라를 다녀 보았다. 내가 주도적으로 이끌지 못한 반쪽짜리 여행이라는 게 늘 아쉬웠다. 내 바람은 내 손의 구글 지도를 따라 골목골목을 안내하며, 현지 철도청 사이트에서 출력한 티켓을 안내원에게 보란 듯이 제시하고, 현지인들이 좋아하는 장소도 찾아갈 정도의 여행을 하는 일이다. '네이버'의 정보망을 이용하면 현지의 세세한 사정까지 즉각 찾을 수 있는 일이라 연륜의 뱃심을 믿고 실수마저 즐기자고 작정했다.

제일 큰 걱정은 언어이다. 종이가 까매지도록 공부했던 문법도 가물가물한데 듣기는 완전히 젬병이다. 근시안으로 살면서 영어까지 쓸 일이 없을 줄 알았다. 딸의 안내대로 전화로 하는 영어 공부를 시작했다. 준비된 교재를 예습하여 10분 정도 관련된 대화를 나누는 수업이다. 파파고를 찾으며 미리 준비한 답을 읽었다. 문제는 교재에 없는 질문이 훅 들어올 때이다. 여러 번 되물어도 내 귀에 안 들어왔다. 발음은 얼마나 형편없던지 Fruit인지 Plute인지 전화 너머 선생이 되묻고는 웃었다. 그럴 때마다 얼굴엔 땀이 줄줄 흘렀다. 누가 뭐라고 하는 것도 아닌데 귀와 입이 내 것이 아니었다,

몇 개월 버벅거리며 준비한 끝에 드디어 여행길에 올랐다. 일정표와 각종 티켓, 옷가지 등 가방이 그득했다. 가볍게 나서자 하면서도 초행자의 걱정거리로 가득가득 채웠다. 내 여행길에 모자랄 부분을 채워줄 든든한 친구 둘을 구했다. 책자 몇 권을 읽고 수시로 모여 의논하고 준비하는 동안 의지가 되었다. 환갑 진갑을 다 지난 여자들끼리 자유 여행을 감당하겠느냐고 걱정 겸 격려를 보내오는 이도 있었다. '달과 꽃을 아는 이들이야 말로 진정한 주인들(바쇼)'. 젊은 날엔 스쳐 보낸 달과 꽃의 의미를 보고 말리라는 뱃심도 있다. 진짜 여행다운 여행을 해보자.

계획할 때와 달리 다니기는 쉬웠다. 중심지 관광은 현지 가이드를 이용했고, 우리끼리 다닐 때는 구글 지도가 만능이었다. 어디에서 지하철을 환승하고 어느 골목으로 몇 미터 갈지 핸드폰 하나면 충분했다. 현지에서 당면한 문제는 한 사람씩 돌아가며 해결했다. 좁은 방을 바꾸는 일, 근처 맛집 정보를 얻는 일뿐 아니라 프론트맨이 한국인에 친밀감을 느낀다는 립 서비스나 택시 기사의 애인이 한국인이었다는 시시콜콜한 이야기도 알아내었다. 이런 일들이 낯선 곳에 대한 거리를 좁혀 주었다. 헝가리 박물관의 추억 사진전에서 우리네와 별반 다르지 않은 그네들 삶을 발견했을 때처럼 친밀감을 느꼈다. 낯섦 속에서 낯익음을 발견하는 일, 이 또한 여행의 별미이다.

실수도 즐거움이다. 프라하에서 가이드와의 미팅 장소를 잘못 알아 두어 시간을 기다렸다. 사람들로 북적이는 광장에 앉아 주변을 살폈다. 무아지경이 되어 춤추는 젊은이들과 독특한 건축물들을 더 상세히 볼 수 있었다. 천 년도 넘을 역사의 발자국을 떠올렸다. 반대쪽 트램을 타거나 지갑을 잃어버린 일도 있다. '실수도 여정/ 흐르는 구름 따라/ 흘러가 보리.' 글자 수만 겨우 맞추어 하이쿠 한 자락씩 주거니 받거니 흉내 내었다. 내 힘으로 이 낯선 곳을 즐기고 있다니 대견하지 않은가.

프라하에서 매일 같은 길을 여러 번 다녔다. 가장 오래 머문 도시이다. 카프카 소설의 배경인 프라하 성으로 가는 길과 성자들의 조각상이 있는 까를교를 거닐었다. 새벽과 낮, 저녁 풍광이 매번 달라 보였지만 저녁의 색감이 눈길을 끌었다. 길을 나오며 뒤돌아보면 어두워지는 프라하 성 위로 짙고 푸르른 하늘이 펼쳐졌다. 역사가 밴 그들의 하늘빛을 '보헤미안 블루'라고 했다.

보헤미안. 자유로운 영혼들. 여기서 우리는 아는 이 하나 없는 '아무도 안(오딧세이)'인 존재이다. 마음에 거칠 게 없다. 행동이 자유로우니 흥이 오르면 오르는 대로 발길은 제멋대로 흘러간다. '슬프고 속상하면 춤을 추어라. 생각이 많으면 춤을 잃어버리고 리듬을 놓쳐버린다. 날 듯이 추어라 노래하듯 추어라 생각을 멈추고 춤추듯 살아라.' 까를교 악사들의 연주가 우리를 그렇게 맞이했다. 어디서나 음악이 이끈다.

음악은 낯선 도시를 금방 친숙하게 하고 격을 높인다. 블타바 강 언덕의 국립묘지에서 맞은 아침은 그곳을 특별한 곳으로 기억하게 했다. 드보르작과 스메타나의 음악이 아침 햇살처럼 강으로 퍼져 갔다. 음악이 그곳과의 거리를 좁혀 주었다. 알폰스 무하의 그림을 떠올리며 묘지 앞에서 그들의 애국심에 잠시 묵념을 올렸다. 대통령이 다녀갔다는 레두타 째즈 클럽을 찾아가는 길에서 체코의 역사가 담긴 길을 걸었다. 비엔나 길거리를 돌다 비엔나심포니의 연주를 무료로 감상할 수 있었고, 대중교통인 트램에서 깜짝 음악회를 만나고, 어느 성당에서는 파이프 오르간 연주회를 감상했다. 모차르트 성에서 열린 음악회와 도시의 야경이 일품이었다.

'무엇에 묶여 있는가. 누가 너를 묶었나. 무엇이 두려운가. 한 번만이라도 생각을 멈추고 날 듯이 노래하듯 춤추듯 살아봤을까?' 걱정을 완전히 놓아버리는 연습, 눈앞의 현재에 충실하는 훈련, 지나온 여정을 돌아보지 않고 다음 여정을 미리 걱정하느라 조바심 내지 않기. '음악에 몸을 맡기면 잠시라도 그렇게 살 수 있을까.' 실수하면 실수하는 대로, 제대로 가면 또 그런 대로. 지금 여기에서 온몸과 내 마음에만 집중하자. 이들 보헤미안처럼.

눈물 한 방울

차창 밖이 어두워진다. 잠시 하늘을 불태우던 노을이 사라지자, 노을빛에 젖은 길들이 비로소 자태를 드러낸다. 이맘때의 길은 늘 다정하다. 두 팔을 활짝 벌려 어깨 위에 움츠린 하루를 안아준다. 지나온 길을 되짚어가는 또 다른 여행길을 열어준다. 에둘러가는 길 위, 밤길을 혼자서, 밤기차를 타고, 밤에 묻힌 집으로 간다.

14일간의 스위스 여행에서 돌아오는 길이다. 때묻은 가방을 한쪽에 던져놓고, 두 다리를 뻗어 마음을 한껏 뒤로 젖힌다. 함께한 얼굴을 떠올린다. 흉허물 없는 여고 시절의 친구들과 스위스에 살며 우리를 불러 준 친구. 스무 명이 넘는 이들이 한 팀이 되어 다니니 버스 안은 내내 중년 여인네들의 교실이 되고, 숙소는 카페가 되었다. 굽이굽이 넘어온 삶들이 매일 화사한 꽃으로 피어났다.

오래 기다린 여행인데 출발일이 다가오자 상황이 여의치 않았다. 아버지의 노환이 더 깊어지고, 내 눈병도 좀체 나을 기미가 없었다. 혹시 모를 상황에 대비해 전화기에 신경을 곤두세우며, 의사 선생의 소견서까지 챙겨서까지 꼭 가야하나. 망설이고 있을 때, 내 등을 떠민 것은 엄마의 눈물 한 방울이다.

엄마의 임종 소식은 느닷없고 황망했다. '엄마가 위독하다!'와 '엄마가 임종하셨다!'는 두 발화 사이가 채 5분이 안되었다. 주어와 서술어만으로 된 단순한 문장은 무지막지했다. 쟁그랑 소리가 조용하던 가을날 휴일 아침을 산산이 부서뜨렸다. 달그락거리는 그릇 소리, TV소리와 가족들의 웃음소리, 늙으신 아버지의 미소가 한순간 정지하다 뒤틀려버렸다. 요양원 입소 중에 일어난 갑작스런 심장마비였다. 사나흘 전에도 별탈이 없었다. 그저께도 괜찮았다. 오늘도 여느 날처럼 엄마께 가져갈 음식을 장만하던 중이다. 심장이 좀 뛴다기에 나중에 의사를 보러 가자고 했는데, '나중'이라는 시간이 오지 않았다. 그날의 시린 깨침 이후 나는 일을 두고 뭉그적거릴 수가 없다.

그날 굳어가는 엄마의 육신을 만지다가, 눈머리에 맺힌 눈물 한 방울을 보았다. 금방 흘러나온 듯 모양이 볼록했다. '얼마나 기다렸기에 지금껏 품고 있었을까?' 낯익은 자식들의 목소리가 들리자 비로소 안도하며 흘려보냈겠지. '보고 싶었다, 수고했다!'고 남길 마지막 말을 눈물 한 방울로 대신했다. 여행지에서 가끔 엄마의 눈물이 떠올랐다. '눈물'이 떠오를 때마다 마음 한쪽이 아릿해왔지만, '괜찮아, 그냥 즐겨!'라는 말처럼 들렸다.

햇빛에 빛나는 마테호른 산정의 눈밭에 그냥 드러누웠다. 호수가 내려다보이는 라보 지역의 와이너리에 그냥 앉아 있었다. 그래도 좋았다. 하이디 마을의 새소리를 그냥 듣고, 산길을 그냥 걷고, 석양빛이 웃으며 친구들의 얼굴위로 번지는 걸 그냥 보았다. 편안했다. 눈물방울은 더없이 따뜻했다.

달력에서나 보던 풍광이 마음을 달뜨게 한다. 치닫던 젊은 산들이 더 오를 데 없어, 서로 단단히 어깨 겯어 험준한 산맥을 이루었다. 그러고도 남은 혈기 어쩌지 못해 마테호른, 융프라우 같은 봉우리로 절경을 만들어낸다. 봉우리가 누구든 어서 올라 보라고 부추긴다. 결코 만만치 않은 유혹이었을 터, 유혹을 견디지 못해 도전장을 던졌던 젊은 영혼들이 산발치 동네의 양지 바른 무덤에 잠들어 있다.

거친 산도 산발치에 와서 부드러운 초지를 펼쳐 내어 사람을 품는다. 봄이면 만년설로 갇혀있던 시간들이 거침없이 녹아내려 골짜기마다 호수를 이루었다. 뽀얀 비취녹색 호수이다. 호숫가에도 집들이 모여 마을을 이루고, 마을에는 소떼가 한가롭다. 마을은 태초부터 그곳에 있은 양, 천연덕스럽게 엎디어 있다. 신의 축복을 받은 듯한 그지없이 부러운 나라이다.

그 부러운 풍경에 눈물이 배어있다. '빈사瀕死의 사자상'은 로마의 황제와 교황을 지키려다 몰살당한 자국의 용병들을 추모한 조각품이다. 용병이기에 도망갈 기회도 얻었으나, 그들이 죽어야 후손들이 살 수 있다며 끝내 산화했다. 우리 남한의 절반 밖에 안 되는 땅, 오랫동안 후진국이었던 스위스를 선진국으로 만들었다. 산과 마을의 조화로운 풍경이 우연의 산물은 아니었다. 철저히 계산하고 통제하여 만든 노력의 결과물이라는 게 놀랍다.

쮜리히 미술관에서 모네의 '수련'을 보았다. 추상화 앞에 자리를 잡고 앉아 바라보았다. 꽃과 물결과 그림자의 경계가 모두 허물어져 형체를 알 수 없다. 한참을 바라보노라니 경이로운 일이 벌어졌다. 뒤엉켜 떠다니던 것들이 한 점으로 모이며 작은 불꽃이 되었다. 그 불꽃이 들불처럼 옆으로 번져가더니 화폭 전체를 태운다. 불꽃은 뜨겁지 않고 잔잔하고 따뜻하며 슬픔이 배어난다. 한 순간이었다. 다시 추상화 앞이다. 매 순간 경이로웠던 빛은 곧 덧없이 사라져 버린다. 붙들 수 있는 건 오직 이 순간뿐, 지나간 어제도 알지 못할 내일도 아닌. 모네는 자신이 만든 정원에서 사라질 수련을 수없이 그리면서 영원히 사라지지 않을 무엇인가를 잡으려 했으리라.

그의 불꽃이 내게로 번져왔다. 내 여행이라야 기껏 주어진 기간

내의 자유일 뿐, 그 이상을 넘지 못한다. 우연히 맞닥뜨린 다른 세계에서 잠시 후면 사라질 불꽃놀이를 보는 일에 지나지 않는다. 그러나 마음을 달게 하는 귀한 불꽃이다. 이 불꽃이 마음에서 몸으로 번져가, 언젠가는 소설가 김훈 선생이 말한 '세계의 내용과 표정을 관찰하는 노동'이 되리라 믿는다.

산골 마을 '체르마트'에 종일 5월의 함박눈이 쏟아졌다. 종일 산장에 앉아 바라보는 마을은 한 편의 동화이다. 동네에서 장을 보고, 챙겨온 먹을거리를 모아 즉석 뷔페를 차린다. 스무 명이 되는 집단에 어찌 이런저런 문제들이 없었으랴. 눈물을 아는 나이가 모든 허물을 감싼다.

마지막 날 저녁, 친구네 가족들이 우리를 집으로 초대했다. 독일계 남편과 아들 사위의 손으로 김치와 김밥, 독일식 음식 등을 준비했다. 대접이 극진했다. 먹고, 마시고, 노래하고, 웃고 울었다. 다른 문화권에 뿌리내리느라 흘렸을 한국 엄마의 서러운 눈물을 닦아주는 의식이었을 터. 가족들이 닦아주는 눈물 한 방울이다.

눈물 한 방울, 너를 위하여 흘린 따뜻한 마음 한 방울이다. 모든 것이 변하고 사라진다. 이 순간의 기억도 스위스 여행도 끝났다. 어쩌면 우리의 마음마저 변하리라. '무엇이 남을까?' 수련은 졌으나 모네의 수련이 남아 내 마음에 불을 지폈듯, 이 여정을 따뜻하게 이끌어준 눈물 한 방울이 우리 마음을 적셔 누군가를 위한 새로운 눈물 한 방울을 만들어 내리라.

기차가 종창역을 알린다. 허물처럼 벗어 둔 일상이 켜켜이 누운 곳, 눈물이 배인 어둠 속으로 다시 떠난다.

카사노바를 찾아

바닷길이다. 출렁이는 바닷물길이다. 기차역을 빠져나오자 흙길은 온데간데없어지고 바닷물길이 사방에 펼쳐졌다. 불시에 모든 것이 물길 위에서 출렁인다. 물 위에 뜬 배, 물 위에 걸친 다리, 물 위에 늘어선 집들…. 생경스런 풍경에 잠시 눈앞이 아득해져 어찌할 바를 모르겠다.

베네치아의 관문인 산타루치아역 앞에는 사방 천지 물이다. 물이 길이고, 길이 물이다. 진기한 풍경에 긴장감이 고조된다. 헤르만 헤세 같은 대가도 '베네치아로의 여행만큼 긴장되는 것도 없다. 기차가 물의 도시로 들어가노라면 도시가 물에서 서서히 솟아오른다'고 했다. 출렁이는 물속에서는 몸도 따라 출렁인다. 출렁임은 역동성이요,

이 역동성이 자유로움을 준다. 심장 박동이 빨라진다. 이 물길은 나를 어디로 이끌까.

이번 여정의 중심지는 산마르코 광장이다. 카사노바가 한 시절 이 광장을 주름잡았다. 그는 바람둥이라는 보통 명사로 불리지만 나는 그를 자유인으로도 기억한다. 그가 자유를 구가하던 광장에 서고 싶다. 그는 카페에 앉아 지나는 여인네들을 훔치며 연애를 일삼았다. 고관대작의 연인을 유혹하다 괘씸죄로 잡혀 바로 앞에 있는 궁전의 피욤비 감옥에 갇혔다. 탈옥 후 모차르트를 만나면서 오페라 '돈 조반니'의 주인공인 호색한의 모델이 되었다.

그는 '너희 마음대로 나를 가뒀으니 나도 내 마음대로 나가노라!'는 글을 남기고 탈옥한다. 끝내 고향에 돌아오지 못했지만 자신의 사랑을 후회하지 않으며 사랑보다 자유를 더 사랑한다는 말을 남겼다. 모차르트는 카사노바의 이런 자유 의지를 높이 사 오페라에서 호색한을 지옥 불속에 빨려들면서도 끝내 회개를 거부하는 인물로 그렸다. 잔뜩 일그러진 얼굴에 웃음을 잃지 않던 마지막 장면이 아름답다 못해 섬뜩했다.

수상 버스에 오른다. 여행 내내 동네와 동네, 섬과 섬들을 이어주던 도시의 발이다. 베네치아하면 흔히들 곤돌라를 말하지만 나는 이 버스를 베네치아의 꽃으로 꼽는다. 이방인들의 들뜬 미소와 주민들의 땀 냄새가 밴 쉰내 나는 삶을 오롯이 담아 실어 나르기 때문이다.

출렁이는 물살을 가르며 달릴 때면 등줄기 시퍼런 고등어 떼가 사람들 사이로 날아오를 것만 같다.

드디어 광장이다. 모든 골목들이 이르고자 하는 곳, 작은 다리와 다리가 손잡고 이방인들을 이끄는 중심지이다. 골목 안쪽에서 '베니스 곤돌라 노래' 선율이 미끄러지듯 흘러나오지 않을까. 얼마나 많은 이가 이곳을 연모하고 탐하였으랴. 늦은 밤인데도 사람들로 쉼 없이 북적인다. 어느 계절, 어느 낮과 어느 밤엔들 붐비지 않는 때가 있었을까.

초로의 여자 둘이 웃음을 터뜨린다. 무사히 도착하고 보니 그 동안의 어쩔 줄 몰랐던 마음을 털어내고 싶다. 밀라노에서 시간을 못 맞춘 탓에 예매했던 표를 버리고 비싼 표로 열차에 올랐다. 느긋하게 바깥 풍경을 즐기는데 전광판에 베네치아라는 글자가 떴다. 예정된 도착 시각도 딱 맞아떨어지고, 모두들 내리기에 따라 내렸더니 목적지 바로 앞 역이었다. 이런 실수쯤 뭐 어떠랴. 내 손으로 내 발로 누리는 자유 한 자락 맛볼 수 있다면.

전망대에 오르니 광장이 한 눈에 들어온다. ㄱ자 광장 바깥쪽에 대성당과 궁전, 탄식의 다리와 감옥, 미술관과 가게와 카페들이 늘어서 있다. 대성당의 황금빛 천장과 기둥, 온갖 보석으로 치장된 제단 가리개 '팔라도르', 궁전 벽을 빈틈없이 채운 미술품을 보면 볼수록 그들이 누린 권력의 크기를 가늠할 수 없다. '해상 왕국으로 쌓은 부와 르네상스를 이끈 여유가 이곳을 만들었을까?' 시대가 인물을 만든다고 하니 카사노바라는 인물도 그 시대 이 광장의 산물이리라.

카사노바를 쫓아낸 이 광장은 이제 카사노바로 도배를 했다. 200년 전 카사노바 자리에 앉아 젊은 카사노바들을 살핀다. 그들은 한 손에 커피를, 한 손에는 카사노바 초콜릿과 향수를 판다. 골목길은 카사노바 보양식 굴 요리로 성업 중이다. 카사노바 호텔, 그가 수감되었던 방, 잡화 가게가 늘어선 골목 가게는 좋은 눈요깃거리이다. 발품을 팔아 들어가 보나 그들의 표정은 도도하고 무성의할 뿐이다. '바다를 누비던 베니스 상인들의 기상은 어디로 갔을까.' 이 광장엔 카사노바 브랜드만 넘쳐난다.

카페에는 경쟁하듯 기악곡을 연주한다. 연주가 끝나면 사람들이 와르르와르르 자리를 옮겨 다닌다. 영화 '타이타닉' 주제곡이 피아노 5중주곡으로 흐른다. 카페의 유명세답게 연주 솜씨 또한 단연 돋보인다. 화려한 관광선의 침몰 장면이 떠오르며 그 황금기에도 이 도시의 종말을 담담히 예견한 이가 있다던 말이 떠올랐다. 가을밤이 깊어가고 평생 관광객용 음악을 연주했을 노장들의 연주도 깊어간다.

까무룩 잠이 들었나 보다. 찰싹이는 소리, 호로록거리는 소리가 들린다. 물소리인가 하여 창문을 열어 본다. 호텔 광고 사진에 있던 물은 보이지 않고, 컴컴한 골목길만 꼬불꼬불하다. 잠결 베갯머리에서 물소리의 멋을 느껴보라던 지인의 말에 잠시 꿈을 꾸었나보다. 물 위의 집은 습하지 않고, 벌레도 없다. 사람이 살 수 없던 습지를 세계적인 관광지로 일군 그들의 저력이 놀랍기만 하다. 새벽잠을 단숨에 몰아내고 새벽안개가 피어오르는 골목골목을 돌아다닌다. 새벽안개가 골목을 다른 세상으로 바꾼다.

안개가 엷어진다. 다리 아래 물은 4개의 인공 섬과 골목 사이의 작은 도랑을 지나 500여 개의 다리 밑을 돌아 아드리아 해로 흘러든다. 큰 바다로 흐르는 물의 자유를 본다. 자유란 자신의 본성대로 사는 것, 누구라도 꿈꾸는 삶이다. 그러나 정작 제 몸의 말을, 제 마음의 소리를 외면한 채 틀에 갇혀 산다.

사람은 만남으로 성장한다. 나는 베네치아에서 출렁이는 도시를 보고, 카사노바를 생각하고, 물길의 자유로움을 만났다. 수많은 직업, 여성 편력, 해외 떠돌이 생활이 그를 더 자유롭게 했을까. 이 여정에서 내 속의 어떤 것을 새롭게 발견하고, 그것이 삶을 더 편안하게 할지, 보다 더 다양한 길을 보여줄지 잠시 저울질한다. 경험할수록 사람은 그만큼 더 자유로울 수 있다.

이 새벽 베네치아 다리 아래로 흐르는 물길을 타고 나도 함께 흐른다.

백야白夜

자정 무렵 산속이 훤하다. 저녁 어스름으로 산골짜기 빛깔이 조금 짙어졌을 뿐 대낮 같이 환한 밤이다. 처음 맞는 밝은 밤을 마주하려 산 위의 널따란 바위에 앉아 밤을 살핀다.

산이 잠든 모습을 통째로 보고 싶다. 온몸을 활짝 연다. 밤의 빛과 소리와 향기와 맛을 느끼고 손으로 만지고 싶다. 하얀 공기를 폐부 깊숙이 들이마신다. 하늘도 산도 푸르무레하게 짙어지고 나뭇가지 사이 잔바람 소리가 가슴을 두드린다. 땅의 바람이 살갗을 감싸니 마냥 좋은 일이 생길 것 같다. 산 빛이 조금 더 짙어지는가 싶더니만 금방 아침이 되었다.

지구 꼭대기 노르웨이의 외딴 산장에서 백야를 맞는다. 밤이 환하게 열리기 시작하는 6월, 이곳의 산야는 눈과 얼음을 거두고 여행자들에게 길을 내어준다. 새벽부터 차량으로 종일 몇 개의 국경을 넘어온 참이다. 그냥 곯아떨어지고 싶다. 친절한 주인장이 여행자보다 더 들뜬 표정으로 근처의 폭포를 보여주겠다며 앞장을 선다. 깊은 한밤중에도 폭포의 소리를 눈으로 볼 수 있다니 마음이 동한다. 희귀한 풍경이라 눈을 비비며 따라나선다.

숲으로 들어선다. 웅장한 물소리를 따라 냇가를 걷다보니 낯선 풀꽃들이 반긴다. 온몸을 흔들며 이방인의 발길을 재촉한다. 폭포를 보자 일행들은 사진을 찍느라 여념이 없다. 머리가 희끗한 아줌마들이 말괄량이처럼 소리 지르며 좁은 산길을 뛰어다닌다. 우아하게 주인장의 설명만 듣고 있던 숙녀들이 아니다. 깊은 숲속에서 요정들이 노니는 이야기를 상상할 수 있는 밤에 여태껏 지켜오던 체면치레도, 서먹서먹하던 경계심도 허물고 깔깔거린다. 마음 가는 대로 발길 닿은 대로 밤새도록 돌아다닐 기세이다. 그만 내려가자고 손짓하는 주인장이 오히려 이방인처럼 보인다. 오랜만에 들려오는 시끌벅적한 발길에 산도 신명이 났으리라.

영화 「백야」 속의 춤추는 장면들이 떠오른다. 기쁨과 고통, 갈망 같은 깊은 감정을 표현한 발레와 탭 댄스가 돋보인 영화이다. 주인공보다 조연인 탭댄서 레이몬드의 역할에서 백야의 의미를 찾아본다. 냉전 시대 미국 탭댄서인 흑인 레이몬드는 미국에 환멸을 느껴 러시아에 망명한다. 그의 임무는 비행기 불시착으로 소련 땅에 발이 묶인 미하일을 감시하는 일이다. 미하일은 미국으로 망명한 소련 발레리노이다. 미하일이 소련을 위해 춤추게 하라는 지령을 받았다. 미하일이 자신의 운명이 '벼랑 끝에서 속도를 멈추지 않는 야생마'처럼 날뛰니, 소련 탈주를 도와달라고 절규하는 걸 지켜본다. 춤 연습을 하던 중 그 또한 자유에 대한 갈망이 꿈틀거리는 것을 깨닫고 함께 소련을 탈출한다. 백야는 자유를 향한 강렬한 의지를 실현시키게 한 희망의 시간이다.

6월, 북유럽에는 축제가 한창이다. 눈과 얼음에 젖은 땅이 마르면 사람들은 마법에 걸린 듯이 줄줄이 행렬을 지어 집을 나선다. 항구를 떠나는 배의 갑판마다 햇볕을 쬐려는 사람들로 발 디딜 틈이 없다. 상트페테르부르크 네바 강변 풀밭에 사람들이 누워 손을 흔든다. 풀밭이란 풀밭은 다 점령하고 유람선이 오가는 도심의 강변에서 벌거벗은 몸에 가릴 곳만 겨우 가린 채 환하게 웃고 있다. 햇빛에 굶주린 그들의 하얀 몸은 여한 없이 태양을 탐한다. 길게 드러누운 자태는 저 햇볕으로 걱정 근심 따윈 다 말려버리겠다는 기세다. 백야는 햇살조차 그들의 몸 위에서 햇살을 다시 뿜어내게 하는 햇빛의 축제이다.

네바 강변은 도스토옙스키의 단편 소설 「백야」의 주인공이 연인을 만난 곳이다. 밤새도록 걸어 다니며 도시를 되새김질하는 몽상가인 주인공, '나'가 하는 일이라고는 사람들의 표정을 흘깃거리며 혼자서 자기 감정에 도취하는 따위이다. 행동하지 못하고 유리벽에 갇혀 산다. 백야가 시작될 때 '나'는 강변에서 울고 있는 여인 '나스첸카'를 만난다. 그녀는 강변에서 떠나간 옛 연인을 기다리는 중이다. 그들의 만남은 그녀가 연인을 만나 떠날 때까지 기껏 나흘간이다. 그녀가 떠나고 '나'만 남는다. 백야의 짝사랑은 기억만으로도 행복하다고 독백한다. 비로소 '나'는 몽상의 유리벽을 깨고 나온다. 짧았지만 주인공에게 현실의 삶을 직면하는 힘을 주었다.

불과 며칠이지만 백야는 여행자에게도 강렬한 인상을 주었다. 어둡지 않은 밤은 열린 세상을 꿈꾸게 한다. 환한 햇살을 즐기다가 밤엔 밝고 푸르스름한 기운이 가득 찬 거리를 서성인다. 숨겨진 뭔가를 찾아낼 것처럼 잠든 동네를 누빈다. 자신의 내면을 춤으로 자유롭게 표현하는 세상을 찾아 탈출할 힘을 주던 밤. 스스로가 만든 몽상의 유리벽을 뚫고 나와 세상 속으로 걸어가는 밤. 그건 영화나 소설의 이야기만이 아니리라. 현실 속에서도 이룰 수 있는 백야이다. 깊이 잠든 자아를 깨어나게 하고 그것을 실현할 힘을 주는 밤이다.

'우리들의 백야白夜는 언제일까. 아니 어떤 일들일까?' 북유럽의 환한 밤빛이 사람들을 깨운다. 지리멸렬한 일상을 비추어 마음 깊게 가라앉았던 소원을 떠올려주고, 감춰진 욕망을 보여준다. 삶이란 밝은 햇빛을 맞는 기쁨을 마음껏 표출하는 일이다. 백야의 거리에 서면 누구나 사람들과 부대끼고 싶은 자신을 깨닫게 된다. 나만의 '나스첸카'를 어디서든 다시 만나기를 꿈꾸면서 네바 강변을 어슬렁거리게 된다. 잠시 후면 사라지는 백야인 줄 알면서도 사람들은 태양의 꿈을 꾸고 그 길을 찾는다.

북유럽 얼음 세상이 깨어나는 밤에 우리도 다시 깨어나고 싶다.

석불 동네

운주사에 첫걸음 하던 날 석불 동네를 보았다. 일주문을 넘어 법당으로 이르는 길에 신록 햇살이 내리쬐던 봄날이었다. 못생긴 석불을 평생 스승으로 삼았다는 시인의 글을 읽고 마음에 새기던 절, 운주사. 갖가지 모양을 한 석탑이 길가에서 먼저 눈인사를 건넨다. 풀밭 곳곳에는 석불들이 마중 나온 듯 죽 늘어서 있다. 무심히 서 있거나 앉은 채로, 아예 자리를 깔고 드러누워 손님맞이를 한다. 어쩌면 겉치레 인사쯤 안 해도 흉허물 삼지 않을 이웃 동네에 온 듯하다.

뜬구름조차 초록으로 물들어 천지가 꿈틀거린다. 운주사 석불에도 피가 돈다. 엄마 치맛자락 잡은 아기 석불, 신랑 마중 나온 각시 석불, 담장 너머로 음식 건네는 아줌마 석불, 비스듬히 누워 한 손으로 머리 괴고 먼 산 바라보다 깜박 조는 할배 석불…. ‘절간에 소풍 나온 동네 사람들이 그대로 석불이 되었을까?’ 대머리 석불이, 뚱뚱보 석불이, 난쟁이 석불이 모두 모였다. 불상이라기보다 어릴 적 내 이웃 사람들이 옹기종기 모여 앉아 햇볕을 쬐며 오순도순 정담을 나누는 것 같다.

그래도 불상 앞이니 먼저 예를 올려야 한다는 생각이 들었다. 잠시 머리를 조아리고는 눈길이 금방 불상을 더듬는다. 손이라도 덥석 잡고 싶어 다가선다. 좌우 비대칭 긴 얼굴에 코가 기다랗게 얹혀 있다. 지그시 감은 두 눈이 이마에까지 바짝 올라붙어 먼 곳을 바라본다. 두 손을 가슴에 모은 채 간절히 기원하는 자세이다. 그 기원이 무엇이든 저렇게 천 년을 빌고 있으면 반드시 이루어질 것 같다.

언젠가 시골 성당에서 거친 차림새의 성모상을 본 적이 있다. 이탈리아나 스페인을 여행하는 사람들이 성당의 화려한 건축과 조각상을 보며 얼마나 큰 경이와 찬탄을 쏟아내던가. 종교 작품은 시대의 염원을 담은 예술의 꽃, 최고의 솜씨로 빚어낼 터이다. 그 수준은 못되더라도 어느 정도는 되어야 할 텐데 저리 초라하게 방치해 둘까. 갑갑했다. 한참 지난 뒤에 알게 되었다. 방치한 것도 솜씨가 모자라서도 아니라 그 자체로 완성작이다. 소박한 차림새가 사람을 품어주고 흙 묻은 손으로도 달려가 안기고 싶은 품이 된다고.

운주사는 첫걸음인데도 내 집에 온 듯하다. 절간에 오는 걸음에 불편할 일이 있을까만 경내를 거니는 동안 친숙하고 따뜻한 기운이 느껴진다. 이 편안함이 어디서 올까. '석상들의 못생긴 표정이 사람을 품는구나. 소박한 외모가 발길을 잡는구나.' 가끔 대웅전 앞에서 법당을 가득 채운 큰 부처님을 뵐 때가 있다. 번쩍이는 금 옷을 입은 채 굽어보는 모습이 왠지 혼내시는 것 같아 얼른 인사만 드리고 돌아 나오곤 했다. 큰 건축이나 번쩍이는 불상은 권력자의 힘을 보여주지만 저 석상들은 갑남을녀 보통 사람의 소망을 담았다.

불사 바위 위에 올라앉는다. 내려다보이는 경내가 넓고도 길쭉하다. 통일신라 말 선승 도선 국사가 천 불 천 탑 공사를 감독했다는 바위이다. 국사는 천상의 석공들을 불러와 새벽이 밝기 전에 공사를 끝내마고 약속했다. 일하던 머슴들이 고단함을 참지 못하여 밤중에 거짓 닭 울음소리를 내었다. 어쩔 수 없이 공사를 마치게 되자 천 번째 불상이 미완인 채 절 왼쪽 능선 위에 '와불'로 누워있다. 머슴들 꾀에 속아 불사를 완성하지 못했다는 설화도 재미있지만, 슬그머니 넘어가주는 국사의 따뜻한 마음이 고스란히 느껴진다.

두 손 모은 불상의 간절함을 헤아린다. 국사가 염원한 세상은 어떠하며 누구를 위한 것인가. 설화에서 느끼듯 작업장은 인간을 배려한 분위기였을 것이다. 석공은 이웃을 닮은 불상을 하나하나 새기며 잠시 소박한 꿈들을 불탑에 얹었으리라. 모두 한 가족처럼 닮은 걸 보면 솜씨가 미숙하여 옆의 작품을 힐끗힐끗 엿보기도 했으리라. 수만 가지 민초들의 염원을 어찌 천 탑 천 불에 다 담았을까. 새로운 세상이란 민초들이 주인이 되고 이들의 삶이 역사가 되는 세상이다. 국사는 못생긴 대머리와 뚱뚱보와 난쟁이들이 온전히 제 삶들을 사는 땅을 염원하며 불사를 일으켰으리라.

신라 말기 민초들의 삶은 조정의 살벌한 왕권 다툼과 지방 호족들 권력 다툼에 피폐했다. 외세의 침입을 막아줄 언덕 하나 없으니 제 목숨 건사하기 어려운 삶이었을 테다. 운주사雲住寺는 운주사澐舟寺라고도 되어 있다. '구름이 머문다'는 뜻 외에 '중생들이 큰 물결을 일으켜 배를 끌어간다'는 숨은 뜻이 들어있다. 국사는 천 년 전에도 보통 사람의 인권을 보장하는 민주 사회를 꿈꾸었다. 와불이 일어나는 날은 약자와 소수자의 인권이 보장되는 차별 없는 사회가 실현되는 날이다. 절간 곳곳에서 천 년 전 국사의 꿈을 본다.

운주사는 운주호雲舟號가 되어 드넓은 바다 물살을 가르고, 석불들이 '구름배'를 몰면서 풍년가를 부르며 태평무를 추는 상상을 해본다. 민초들은 삶의 우여곡절을 기어이 견뎌내고 다시 평화로운 일상으로 돌아간다. 꿈을 간직한 채 천 년을 기다린 석불님 앞에서 나는 오래오래 머리를 조아렸다.

부쩍 속이 불편한 일이 많아진다. 오랫동안 부대끼던 이들에 섭섭한 마음만 자꾸 커진다. 뉴스 속 정치를 보면 우리 사회가 퇴보하는 것 같아 조급해진다. 흉허물 없던 친구들의 말과 행동이 식상해진다. 모자란 말과 못생긴 표정이 처지고 오그라든 마음을 활짝 펴지게 하던 매력 덩어리였는데 이제 허물로 보인다. 석불은 꿈을 가슴에 새기고 서로 어깨 기댄 채 천 년을 견디고 기다린다. 나는 겨우 60년을 살고도 다 안다고 자만한다. 한평생을 사는 인간의 마음이 이리 들쭉거리거늘 저 석불들은 천 년 그 긴 세월을 어찌 저리 어울려 살까.

못생긴 석불이 타이른다. '삶이 곱기만 하랴. 오랜 세월 지내다보니 속이 문드러지고, 불쑥불쑥 치미는 미움으로 돌아앉기도 했지. 세상살이 그리 까칠하게 따져보아도 결국 제 자리. 그의 눈에서 제 허물을 보게 된 게지. 제 꼴을 알게 된 게야. 제 생각과 다르다고 그가 틀렸을까. 우리는 고운 정으로 만나 미운 정으로 깊어지면서 천 년을 더불어 살았다네. 한 눈을 감아버리니 미움이 바람처럼 지나가더라. 코 한 쪽 떼어내니 나무 향기 더 새로워진다. 남은 귀 하나로 새 소리 들으며 어깨 겯고 있다네.'

신록도 곧 짙어지리라. 수십 가지로 다르게 보이던 신록도 따지고 보면 다 초록빛 하나이다. 오늘만큼은 동네 잔칫상 차린 석불들 곁에 옹졸한 내 어깨를 기대어 오래오래 신록 햇살을 쬐고 싶다.

■ 작품 해설

작가의 삶과 기억, 전傳과 록錄으로 이루어진 풍경

박양근 (문학평론가, 부경대 명예교수)

문학은 변용의 미학이다. 작가가 생각하고 느낀 것이 언어라는 매개를 통해 작품으로 바뀌는 장르다. 작품 쓰기는 자아와 작가, 현실과 상상이 어울리는 화학적 결합으로서 글을 쓸 때면 평소와 다른 자아가 형성된다. 그 자아가 창조하는 작가로서 일상이 이루어지는 구역과 글을 쓰는 영토를 번갈아 오간다. 섬세한 감정과 예사롭지 않은 통찰을 통해 작가는 상상이라는 얼개를 바탕으로 보고, 듣고, 말하고, 쓰는 일인다역의 존재자다.

수필은 문학 장르 중에서 일상적 삶을 탈일상화시킨다. 불투명하고 무한하리만큼 거대한 우주의 돌이 빛나는 별이 되는 것처럼 작가는 자신을 서사 주인공으로 등장시킨다. 그는 서술자이면서 주인공이고, 관찰자이면서 비평의 역할을 자임하면서 체험을 재인식하고 재구성하는 미적 능력을 발휘한다.

수필은 체험을 미학적으로 조율하는 만큼 수필가는 자신이 살아온 시간과 장소를 이해할 수 있는 진실성과 상상이 필요하다. 기억 창고에 저장된 과거를 업데이트하는 것이 아니라 자아와 시간과 장소 간의 유기적 관계를 인식하여 지금까지 말하지 않고 드러내지 않았던 자신의 모습을 찾아 나간다. 이것은 마치 갱도를 파고 들어가 암석에 함유된 금속을 채굴하는 것과 같으므로 수필을 체험의 상상화라고 부르는 것이다.

예경진 작가는 30여 년간 교직 생활을 했다. 《수필과비평》지에서 수필가로 등단한 후에도 수필과 인문학 공부를 이어온다. 무엇보다 어려서부터 영도를 육체적·정신적 모태로 삼은 토박이다. 이런 삶의 요소들이 자아 성찰력, 대상에 대한 통찰력과 자신의 존재성을 정립하는 원동력이 되고 있다. 선천적인 시공성과 후천적인 집필력이 어울린 결과물이 첫 작품집 《필사본 한 권》이다. 당연히 작품집의 요체는 작가의 존재성과 향토애와 가문에 대한 애정으로서 자아의 전傳이면서 가문의 록錄이 된 근거이기도 하다.

그 점에서 《필사본 한 권》은 예경진이 지닌 정체성과 뿌리 의식을 펼친 스토리텔링의 친밀성과 서사적 문학성을 함께 지닌다.

1. 뿌리와 장소애의 서사

인간의 삶은 장소와 공간과 환경이라는 3차원을 벗어나기 어렵다. 일반적으로 작가도 '지금 여기'라는 현존성보다 '그때 그곳'이라는 과거에 다정다감한 반응을 더 다감하게 보여준다. '요람에서 무덤까지'라는 말처럼 그때 무엇을 했느냐는 반추는 즉각적으로 특정한 장소를 떠올려준다. 수필은 삶의 재현이라는 점에서 장소에 대한 작가의 반응이 친화적이든 부정적이든 남다를 수밖에 없다.

작가와 장소와의 유기성을 살피는 인문학적 용어는 장소애다. 장소애는 중국계 미국인 이푸 투안이 창안한 것으로 작가의 뿌리 의식과 불가분의 관계를 맺는다. 작가가 과거를 재구성할 때의 배경은 단순히 사건이 일어난 곳이 아니라 인간 심리에 영향을 미치고 언어와 행동 양식까지 결정하는 조건이다. 만일 작가가 특정 지역에서 대부분의 일생을 보냈다면 그 장소가 지닌 향토성과 지역성에 남다른 애정을 기울이게 된다. 당연히 삶과 작품에도 영향을 미치기 마련이다.

예경진에게 영도라는 섬은 그녀의 존재를 규정하고 본향으로 이끌어가는 역할을 한다. 영도는 바다와 육지를 공유하고 있는 섬이다. 사면이 바다로 둘러싸여 어디로든 갈 수 있고 좁은 뱃길을 사이에 두고 육지와 인접해 있지만, 심리적 거리는 꽤 멀다. 행정 구역상 부산의 일부이지만 주민들은 부산과 영도로 구분하는 개념에 익숙하다. 그들은 태어난 영도에 뿌리 깊은 애착심을 가지면서도 육지에서 교육받고 직업을 구하려는 꿈을 꾼다. 영도가 이소의 출발지이면서 귀환의 종착지이듯이 그녀에게도 장소애의 중심으로 자리하고 있다.

작가는 영도에서 어린 시절을 보내고 육지를 오가며 공부하고 결혼 후에도 영도에 정착한다. 그에게 영도는 부모가 땀 흘려 일구어낸 집과 가정이 있는 터전이며, 일가친척과 이웃들과 이웃애를 나누는 동네이며, 자신과 가족들의 뿌리 의식이 깊게 내려진 터이다. 작가도 이 고향을 "자신이 태어난 자궁이고, 자아가 형성되고 본성대로 성장하며, 착하고 꾸밈없는 자연이 있고, 사람들이 심성 좋은 인간으로 성장할" 때 고향이라 할만하다."(〈청학靑鶴2동 99번지〉)고 밝힌다. 이러한 장소는 작품의 배경으로서 공간 미학을 지니기에 조금도 손색이 없다.

《필사본 한 권》에는 영도를 예찬하는 글이 다수 실려 있다. 성장지이며 독특한 전설과 문화 양식을 가진 영도를 소개하는 3부작이 〈영도 블루스〉와 〈출렁이는 집〉과 〈청학2동 99번지〉다. 이들 작품에서 작가는 영도가 자신의 정체성을 형성한 고향임을 밝힌다.

영도. 섬 아닌 섬. 천지 사방이 열린 땅이다. 어디로든 가고 어디에도 머문다. 산꼭대기에서 보면 앞에는 배들이 분주하게 들락거리고 뒤에는 작은 섬들이 고요한 바다에 안겨 있다…. 산등성이에 앉아 바다를 보면 아이가 된다. 바다를 건너는 거인이 되어 풍덩풍덩 발을 적시며 이 섬 저 섬 사이를 뛰어다닌다. 평생을 뛰어놀던 바다는 내가 사는 세상이 되고 섬들은 삶의 지표가 되었다.

– 〈출렁이는 집〉 일부

작가는 어린 시절부터 어른이 되도록 살아온 영도를 서사의 배경으로 설정한다. 섬은 사방이 바다로 둘러싸여 있지만 갇힌 게 아니라 열린 곳이다. 고립이 아닌 개방은 인간사를 서사로 풀어내는 역할을 한다. 예경진은 자신과 가족의 이야기를 서사 담론으로 풀어내기 위한 사전 작업으로 영도가 열린 공간이라는 노련하면서도 치밀한 구성력을 발휘한다.

예경진은 자신의 집이 땅에 세워진 집과 달리 항상 "출렁인다." 고 말한다. 출렁거린다는 것은 움직이고 요동치는 율동을 강조한다. "요동친다"는 비유에 걸맞게 영도라는 섬을 멀리서 보면 바다 파도에 감싸여 상하좌우로 움직이는 듯이 보인다. 섬 주민들의 굴하지 않는 끈기와 용기를 강조하는 이유도 바다와 섬이 지닌 약동성과 충만감을 강렬하게 인식하고 있기 때문이다.

작가의 장소애가 시작한 때는 초등학교 2학년 무렵이다. 담임이 바뀐 서러움을 바다의 파도로 삭이고 유일한 바깥세상이었던 오륙도를 성장의 디딤돌로 간주한다. 예경진은 성장하면서 아리랑 고갯길, 흰여울 바닷가 길, 정박한 묘박지, 깡깡이 소리가 들리는 조선소, 육지를 이어주는 영도다리를 통해 장소애를 두텁게 쌓아간다. 한때 가난하고 소외되었지만, "그림자가 없는 절영도絕影島"라는 말처럼 지금은 전국의 젊은이들이 영도에 정착한다. 오늘의 영도는 "불편한 것을 걸러내고 유쾌한 감정들만을 들추어 올리는 영도"(《영도 블루스》)가 되었다. 고립되었던 영도가 "말 그대로 그림자도 없는 밝은 섬"이 되었다는 것은 그녀의 장소애를 대변하기에 부족함이 없다.

사람은 지역의 의식과 문화를 자신의 행동에 투영시킨다. 말씨, 사고, 행동은 같은 방향성을 공유한다. 산골과 농촌과 섬에 사는 주민들이 지닌 성향 중의 하나는 가난에서 벗어나기 위하여 도시로 나아가려 한다는 점이다. 도시는 섬이 갖지 못한 좋은 교육과 직장과 결혼을 가능하게 해준다. 생활 공간이라는 의미다.

영도 주민들의 이동 성향을 표현한 작품이 〈날고 싶은 나무〉다. 나무는 땅에 뿌리를 내려야 하고, 하늘을 나는 나무는 시들고 죽게 된다. 그러나 나무와 달리 영도에 사는 젊은이들은 하늘을 날아 뱃길을 건너 육지로 가려 한다. 난다는 의미는 희망, 포부, 미래의 동의어이므로 작가는, 영도를 푸르게 덮고 있는 나무들을 지켜보는 작가는 사람 나무가 “두 팔을 뻗어 하늘로 날고 싶다.”라는 꿈이 이루어지기를 바란다.

> 나무는 두 팔을 뻗어 하늘로 날고 싶다. 훨훨 날아 근심 없는 천계에 오르고 싶지만, 뿌리가 땅속에 박혀 있다. 여름 내내 푸르게 가꾸고 가을날 붉게 익힌 제 소망을 하늘에 고해 보지만, 하늘은 늘 답이 없다. 겨울마다 하릴없는 제 꿈을 땅속으로 묻어 깊은 뿌리를 내린다. 봄이면 다시 잎을 피워 날고 싶은 나무가 된다.
>
> – 〈날고 싶은 나무〉 일부

“날고 싶은 나무”는 예경진의 꿈을 반영한다. 전설과 서사의 땅인 영도는 사랑을 찾아 제주도에서 날아온 아씨 할미가 뿌리를 내린 곳이면서 할미의 보살핌을 받으며 자란 아이들이 자신과 가문의 미래를 키우는 곳이다. 그들은 청년이 되면 도시로 떠나는 주인공이 된다. 이들이 영도 주민들이다. 그 인생의 서사에 동참한 작가는 “나도 이야기 하나 만들고 싶다.”라고 말한다. 이것은 영도 작가로서 청학동과 봉래동의 이상을 따르려는 공동 의식을 뜻한다.

작품에 나타난 사람들은 바다와 섬의 힘으로 성장하여 도시에서 인생을 펼치는 드라마를 연상시킨다. 그들이 생생한 삶의 율동을 펼치는 서사는 영도 바다와 섬을 유난히 좋아하는 작가의 따듯

하고도 섬세한 시선과 문장에 실린다. 이러한 지형적 배경과 작가의 감수성이 어울릴 때 수필이 요구하는 장소애가 이루어진다는 사실을 예경진의 수필이 입증한다고 하겠다.

2. 꿈의 초상과 인생 항해

누구에게나 오늘이라는 하루가 공평하게 주어진다. 삶을 욕망하고 상처를 치유하지만, 현재와 미래는 늘 불안하고 두렵다. 우리들은 마치 끌려가는 인형처럼 하루치를 생활하다 보니 자신이 삶의 주인공이라는 생각을 갖지 못한다.

예경진은 영도 토박이다. 친구들이 의아할 만큼 60년 세월을 영도라는 한곳에 뿌리를 내리고 산다. 당연히 영도인의 기질이 몸에 배어 있다. 물론 수필을 통하여 섬에 갇혀 있다는 현실에서 벗어나기도 하지만 시간을 쪼개어 먼 여행을 떠난다. 그러면서도 영도 섬 아이라는 신분과 영도 섬을 지킨 아씨 할머니의 후손임을 자랑스럽게 여긴다. 이처럼 뿌리 내리기와 외부 지향이라는 두 방향이 서사의 주인공인 그녀의 정체다.

작가가 누구인가를 알려주는 자전 수필에 〈못생긴 손〉과 〈간장 종지〉와 〈학교 가는 길〉이 있다. 〈학교 가는 길〉은 부산항대교를 오가며 이루어낸 학업과 직장생활과 일상생활을 요약한 내용이다.

"학생으로 16년, 직장인으로 34년, 평생교육원에서 7년째. 어느덧 57년이다."라는 문장에는 배움을 평생의 공간으로 삼은 작가의 아우리가 깔려 있다. 작가는 꿈을 꿀 때조차 학교를 배경으로 설정할 정도로 배우는 것만이 영도를 벗어날 수 있는 명분이 된다고 생각한다. 배움으로의 항해가 그녀의 실존을 다져주는 담론이라는 것이다.

작가가 예경진의 꿈의 초상이라면 현실 속에 그녀는 "못생긴 손"과 "간장 종지"로 은유된다. 남달리 큰 손은 장녀로서의 본분과 가정주부와 교사의 역할을 감당해낸 신체 일부다. 연애 시절에는 "못난 손"이 불편하였지만, 가족을 위해 일한 아버지의 손을 닮은 것을 고맙게 여긴다. 되돌아보면 가족들을 위해 밥을 짓고 이웃과 음식을 나누고 지인들의 아픔을 어루만져 주었으므로 이제는 못난 손이 아니라 제 역할을 다한 "아름다운 손"으로 여긴다.

〈간장 종지〉는 작은 것과 꿋꿋한 것을 예찬하는 글이다. 작가는 세상에서 잘산다는 말을 들으려면 무엇이든 크고 무겁고 많아야 한다고 여겼다. 결혼 초기에는 하다못해 생선도 쟁여두어야 살림살이가 넉넉하다고 여겼다. 그러던 어느 날, 상을 차리면서 간장 종지를 두 손으로 식탁에 조심스레 놓는 어머니의 모습을 지켜보면서 찬장에 쌓아둔 큰 그릇들보다 작은 종지가 지닌 존재성을 새롭게 깨닫는다.

작은 것이 때로는 품격을 높인다. 간장 종지는 밥상이나 제사상 한 가운데 차려진다. 당신 입맛에 따라 간을 맞추라는 종지의 배려가 주변 그릇을 다스린다. 겨자씨 한 알, 장기판의 졸, 매운 작은 고추, 석간수 한 방울의 힘을 어찌 모르랴. 때로는 옷 젖는 줄 모르는 가랑비 같은 슬픔을 받아들이며 살아가야 한다는 법을 간장 종지에서 배우기도 한다.

– 〈간장 종지〉 일부

〈간장 종지〉는 조그마한 영도와 섬 출신이라는 작가의 위축 심리를 드러낸 글로 보인다. 그러나 거듭 읽으면 종지의 작은 모양이 아니라 그것이 지닌 단단하고도 위엄스러운 역할을 칭찬하는 문맥을 접하게 된다. 이런 해석을 확장하면 분수를 아는 자아를 간장 종지로 재구성하였음을 알게 된다.

영도는 그녀의 평생 친구와 같다. 철들면서 만난 첫 세상이고 영도 주민으로 세상살이를 하는 근거지다. 〈영도 아줌마 되기〉는 어떻게 하면 박진한 토박이 아줌마가 될 수 있는가의 서민적 방식을 보여주면서 작가 특유의 해학과 단단한 문체로 펼쳐낸다. 이웃 주민이 되려는 출발은 "이제부터 나는 동네 아줌마로 살려 한다."는 것으로 체면과 허식을 버리고 분수를 지키며 살고 싶다는 선언의 효과를 발휘한다. 비 오는 날 우산 없이도 동네 친구 만드는 넉살, 오늘 할 일도 내일 한다는 여유, 남편과 자식 이야기를 편하게 하는 수다, 낯선 아줌마와 언제든지 어울릴 배포를 지켜보노라면 현실 속의 예경진 초상을 보는 듯하다. 화사한 벚꽃보다는 수수꽃과 해바라기가 어울린 야외 화원에 들어선 느낌마저 든다.

따지고 셈하는 인생살이보다는 편안하고 여유로운 세상살이가 작가가 원하는 것이다. 맞장구치고, 납작 엎드리기도 하고, 패거리를 거느리고, 배짱 좋게 공짜 밥도 먹는 행동은 치사한 게 아니라 자신에 대한 치사致詞 부림이라고 여긴다. 누구에게나 인생은 한살이다. 이때의 '한'은 '한 번'의 의미가 아니라 마음만이라도 크게 살아야 한다는 '한'살이임을 알려주는 작가가 예경진이다.

몇몇 사람들은 평이한 세상살이에 만족하지 않고 삶의 비평을 발전시키려 한다. 성찰과 기록을 통해 자아 변신을 이루는 작가로의 입문은 변신의 연금술이며 생활의 승객이 아니라 삶이라는 무대를 운명하는 항해사와 같다. 그가 소위 작가이다. 그에게 삶이란 여행이 아니라 항해이므로 자신과 주변을 관조하고 성찰하고 통찰하는 힘을 키워나간다. 당연히 그는 언어의 거미줄로 실화를 엮어 일상에 머문 사람들이 누구나 공감할 생의 가치를 찾아내도록 한다.

인생살이와 세상살이가 예경진 삶의 풍경이라면 작가로서의 존재를 그린 초상은 〈학교 가는 길〉과 〈치킨 런〉이다. 늘 "넌 누구냐"라고 자문자답을 하며 "유리벽 속의 답답한 삶"에서 벗어나려 한 그녀는 출구와 신호등을 찾아낸다. 그 수필은 무기력한 일상을 벗어나 생의 지평을 따르는 진로이며 존재성을 찾아 나서는 방식이다. 그녀는 "글쓰기는 나를 나로서 살게 한다."고 〈학교 가는 길〉에서 말하고 고정관념의 끼여 살았던 일상을 거부하면 "새로워지자"고 〈치킨런〉에서 되풀이 말한다. 교사 시절에 손에서 떼지 않았던 국어책 대신 A4용지를 보면서 삶의 지도를 그려내려고 한다. "바다 한가운데서 발견한 구명정"처럼 A4 원고지는 존재자로서의 안식과 열정을 피워올리는 성소이다. 그것에 발을 디딘 예경진은 문학 순례자라는 또 하나의 신분을 얻는다.

> 생각을 펼쳐내고 문장을 가다듬는 사이사이에 살아있음을 느낀다. 대상의 본성에 한 발짝 더 다가서려는 몸짓을 한다. 그럴 때 주변의 모든 것들이 내게 신호를 보내온다. 그들의 말에 귀기울이려 애쓰게 된다. 내가 나로 설 때 다른 이의 삶을 진정으로 사랑하고 세상을 껴안을 수 있음을 몸으로 배운다. 수필에 입문한 후 이제 더이상 꿈에 시달리지 않는다.
>
> – 〈학교 가는 길〉 일부

수필을 영혼의 "파라다이스"로 여기는 작가는 문학의 바다를 헤엄친다. 두려움이 사라지면서 몸이 따뜻해지고 마음은 가지 위에 돋는 매화의 생명력을 닮아간다. 이런 문학적 개화는 〈치킨 런(CHICKEN RUN)〉에서 “그녀(푸른 벚꽃葉桜-꽃이 지고 어린잎이 난 푸른 벚나무.)처럼 밝은 세상을 안겨 준 수필에 감사한다.”는 문장과 조응한다.

예경진의 정체성 형성을 조감하면 프로이트의 심리분석이론이 떠오른다. 프로이트는 본능적인 이드, 이성적인 에고, 초자아적인 슈퍼에고로 인간의 행동을 분류하여 설명하였다. 이것에 비추어 보면, 의식주를 해결하기 위해 지켜온 직장생활이 본능적인 이드라면 주변 사람들과 세상을 살아가기 위해 분별심을 지키는 것이 에고이고 문학으로써 초자아를 형성한 것은 슈퍼에고라 볼 수 있다. 그녀에게 문학은 정신적 모험이면서 국어교사로서의 연장이며 영도에 대한 장소애를 실현한 작업이다. 그리하여 예경진은 영도를 벗어나지 않으면서 탈 영도를 이루어낸 세계를 구축하였다.

3. 가문과 스토리텔링의 어울림

같은 울타리 안에서 태어나 생활하는 가족은 동일한 뿌리 의식을 갖는다. 바다로 둘러싸인 섬 가족이라면 더욱 돈독한 가족애와 공간애를 갖는다. 《필사본 한 권》이 개인적 전傳에서 3대의 연대록의 성격을 동시에 지닌 이유이기도 하다.

예경진은 부모의 일생을 기록으로 남기려 한다. 세상을 떠난 부모의 일생을 서사 구조로 짜는 작업은 감상주의적 분위기보다는 나라와 가족을 위해 헌신한 행적과 일생을 중시한다. 15쪽 필사본에 적힌 선대의 무용담을 인쇄본으로 바꾸는 과업을 자신의 소임이라는 점을 자각한다. 이러한 집필 방향은 개인적 삶과 가문 일대기가 합쳐질 때 진정한 수필록錄이 된다는 당위성을 높여준다.

작가는 아버지가 임종할 때까지 어떻게 살고 무엇을 했는가를 곁에서 지켜보았다. 그는 집안을 일으켜 세워야 한다는 정신을 평생 지켜 왔다. 교직에 나가 아이를 가르치고 영도 중턱에 터를 잡아 집을 세우고 갖가지 채소와 꽃을 가꾸는 서정의 아름다움도 놓치지 않았다. 험난한 시대를 거치면서 근검절약과 근로와 낭만을 잃지 않았다. 임종 무렵까지 "너뿐이데이."라는 가르침을 장녀인 예경진에게 남겨 가족을 부탁하였다. 무엇보다 일제 강점기 시대에 조상이 활동한 기록을 필사하여 집안의 명예가 사라지지 않도록 하였다. 수신제가치국을 손수 실천한 분이라 할 만하다.

작가의 회상에 나타나는 공통점은 공부하는 아버지다. 엄격한 부성으로 키운 자식들, 유품으로 남긴 성경 필사, 꼭 갖고 싶었던 책상, 손으로 써서 남긴 가문사 등은 배우고 가르치려는 아버지의 인품을 알려주는 소중한 아이콘이고 작가에게는 수필의 중심 소재가 된다.

〈아버지의 꽃밭〉은 영도에 터를 닦기 시작한 때부터 요양 병원을 거쳐 생을 마친 아버지의 일대기다. 아버지가 일군 꽃밭을 "일터이자 놀이터"로 추억하는 가운데 아버지의 일생이 "자식을 위한 꽃밭"이었다고 회상한다. 〈열정〉에서는 87세 아버지가 책상에 앉아 있는 모습을 본받아 56세의 딸이 원고지를 펼치는 감동적인 장면은 부전여전에 초점을 맞춘다. 이처럼 부녀의 삶을 일치시켜 나감으로써 일기장과 성서 필사집과 15쪽 필사본은 아버지의 정신적 자산과 유산으로 자리 잡는다.

《필사본 한 권》은 표제작으로서 가문 서사의 주제와 형식이 어떻게 결속하는가를 밝혀준다. '언어와 기록이 없는 민족은 사라진다'는 말처럼 집안도 기록을 통해 정체성을 지켜나간다. "우리 집안은 말이야….''라는 연장자의 스토리텔링은 후손에게는 가문 서사로 보인다. 작가도 집안 내력을 다루는 글쓰기가 자신의 근원을 명예롭게 하는 일이라고 여긴다. 무명 독립운동가인 할아버지가 북간도에서 활약한 일과 아버지 형제들이 만주에서 살았던 시절과 집안을 일으켜 세우려 했던 그간의 노력을 적은 〈중국 36년 회고록〉은 단순히 가문 내의 이야기가 아니라 기억하고 활자화 되어야 하는 나라의 소중한 자료인 것이다. 그러므로 아버지가 남긴 '빛바랜 15쪽 필사본 한 권'을 만난 작가의 감회는 남다르기 마련이다.

> 아버지의 소장품이 내게로 왔다. 어릴 때부터 귀에 박히도록 들었던 장엄한 대서사시가 구술에 그치면 역사가 되지 못한다. 강물에 몸을 던져 바다를 만들었으나 잊히고 만다. … 역사는 '과거와 현재의 대화'로 이어질 때 살아남는 법. 석기 아재가 어렸을 때의 기억을 더듬어 한 자 한 자 손으로 남겼듯 나는 지금 활자로 새겨 적고 있다.
>
> 아버지 세대가 우리에게 남기고 싶었던 이야기에 어쩌면 미화된 기억도 섞였을 테지만 사실임에 틀림없다. 우리가 겪은 가난과 인내의 어린 시절도 가문사의 일부이다. 무엇보다 그들의 고난이 우리를 생의 바다에 나아가도록 실어준 도도한 배였음에 감사드린다.
>
> – 〈필사본 한 권〉 일부

구술된 이야기를 역사로 바꾸는 것은 기록이다. 필사본을 두고 "우리를 생의 바다에 나아가도록 실어준 도도한 배"라고 표현한 의도에는 선대 가족을 서사적 주인공으로 등장시키고 후손으로서 그것을 따르겠다는 의욕이 강하게 배여 있다.

어머니를 회상하는 시간은 아버지의 시간과 달리 생의 말기에 모여 있다. 어머니는 평생 말없이 가족을 뒷바라지하였다, 딸이 직장생활을 할 때는 자신의 집처럼 돌보아주었건만 어머니에 대한 기억은 치매 이후의 모습과 "괜찮아"라는 말에 집중된다. 이것은 기억하는 어머니보다 기억을 잃은 어머니를 안타까워하는 딸의 심정을 강조하는 효과를 주면서 애잔한 모정을 부각하는 인상미를 남긴다.

〈엄마의 안개〉는 치매에 걸린 엄마와 가족 간에 소통할 수 없었던 시기를 다룬다. 치매는 사람에 따라 여러 가지 증세를 보여준다. 길을 잃고 가족을 몰라보고 억지 부리고 생떼를 쓴다. 이게 자연스러운 현상이지만 매일 돌봐야 하는 가족으로서는 참기 힘들다. 이런 어두운 가족사를 작가는 '만일 엄마가 과거를 기억하고 말을 할 수 있다면 어떤 말을 하겠느냐?'는 화술을 도입한다. 기억을 잃은 자에게 간접 화법을 부여한 기법은 모녀간에 상실되었던 소통을 복원시켜준다.

치매 어머니가 생각하고 딸이 대신 말하는 화술은 방백傍白이다. "얘야, 어느 집 잔칫날이더냐. 벚꽃들이 얼굴 맞대고 수런거리는 초대에 사람들이 바삐들 가고 있구나!"로 시작하여 "모두 안개 속에 숨어버려 저기가 거긴지 분간할 수가 없구나. 난 어디로 가는 거냐?"로 마무리하는 대사는 꽃 시절과 안개 시절을 노래하는 가운데 서정미 넘치는 곡진한 여인의 노래로 발전한다. 이 기법은 예경진이 얼마나 자신의 고유한 수필 세계를 이루려 하는가를 입증하는 기법에 속한다.

작가는 엄마와 함께 걸었던 길을 〈괜찮아〉에서 되살린다. 모녀가 동행했던 길은 여자의 운명을 떠올려준다. 어머니의 길이 작가의 말이 되어 자식들에게 전해질 집안 교훈이 된다. 이로써 아버지의 필사본과 어머니의 "괜찮아!"는 자식들에게 남기는 잠언이라 할 수 있다.

작가가 이룬 현 가정을 소개한 작품들은 부모의 서사를 펼칠 때와 달리 여유롭고 경쾌하기까지 한 어조로 짜여있다. 가족 중심의 줄거리와 어조의 변화는 교육자와 아내와 어머니로서 예경진이 얼마나 성실하게 살아왔는가를 보여주기에 충분하다. 그녀의 가족사는 다른 집안처럼 소소한 일상이어서 수필을 읽는 재미와 공감을 전달하여 가독성도 높다.

소파를 소재로 한 〈소파 한 짝〉은 30년 넘게 부대끼며 사는 부부의 실제 모습을 해학적으로 그려낸 작품이다. 젊은 시절의 부부는 서로를 받치는 초석이 되려 하지만 중년 이상이 되면 소파 하나조차 자신의 영역으로 삼으려는 기 싸움을 벌인다. 이런 가운데 작가는 나이 먹은 남편을 애잔하게 여기는 아내로서의 시선도 놓치지 않는다. 〈젊은 연인〉은 "장성한 아들은 손님이다."라는 문구만으로도 아들에 대한 든든한 믿음과 기대를 전달한다. 딸에 대한 모정은 함께 여행한 미국을 관광한 감회로 전달한다. 〈선인장 호텔〉, 〈미국 서부 황무지를 달리다〉 등은 영도를 벗어난 해방감과 딸의 성장을 지켜보는 어머니의 뿌듯한 마음을 정돈하고 있다.

예경진은 40여 년 전에 새내기 국어교사로서 세상이라는 학교에 들어섰다. 세월이 흐르면서 부모를 떠나보냈고, 자신의 가정을 지키며 60년 넘게 영도에 산다. 한곳이라는 장소와 60년 세월이 어울린 시공에서 작가는 숱한 생활의 좌표를 찍었다. 그 좌표를 연결하면 인생살이와 세상살이를 거쳐 실존성을 찾아낸 일생이 나타난다. 이러한 생의 진화가 《필사본 한 권》이라는 서사 수필로 완성되었다.

덧붙여

수필은 일상 기억을 소재로 생활의 발견과 발견의 생활을 기록하는 자전적 서사이다. 문학으로서 서사 형식은 역사와 다르다. 역사가 군소영웅들의 모험기라면 서사는 인간 중심의 삶으로서 화해와 배려와 성실이라는 인간애에 중심을 둔다.

예경진 작가는 자신의 초상과 가문의 열전을 합치면서 작가로서의 진지함을 지켜온다. 영도를 삶과 문학의 중심 터로 삼은 가운데 그곳에서 이루어진 이력을 《필사본 한 권》에 버무려 내었다. 작품에 소개된 인물들은 영도의 과거와 현재와 미래를 대변하는 배역을 맡아 각자의 삶을 보여줌으로써 드라마의 극적 효과를 담당한다. 또한, 영도가 지닌 향토성에 충실하고 보통사람들이 살아가는 모습도 조감하고 있다. 무엇보다 등단 후 오랜 기간에 걸쳐 조탁한 대표 선집 같은 문학적 위상도 거두었다.

예경진 작가는 서문에서 "작품을 통하여 새로운 관계 맺기를 시도한다."고 하였다. 글이란 작가와 등장인물과 독자가 모여 인간의 삶은 무엇인가를 의논하는 무대이다. 이 점을 작가는《필사본 한 권》에서 구현하였다. 자아의 존재화는 평범하지만 진실한 삶 자체를 잊지 않는 것이다. 이것이 문학이 실현하여야 하는 소명이라고 믿는 작가가 예경진이다.

예경진 수필집

필사본 한 권

인쇄 2022년 11월 3일
발행 2022년 11월 9일

지은이 예경진
발행인 서정환
펴낸곳 수필과비평사
주소 서울시 종로구 삼일대로 32길 36(익선동 30-6 운현신화타워) 305호
전화 (02) 3675-3885 (063) 275-4000 · 0484
팩스 (063) 274-3131
이메일 essay321@hanmail.net
출판등록 제300-2013-133호
인쇄·제본 신아출판사

ISBN 979-11-5933-436-8 (03810)
값 13,000 원

본 도서는 2022년 부산광역시, 부산문화재단 〈부산문화예술지원사업〉의 지원으로 제작되었습니다.